Empreintes littéraires

1re
Voies générale et technologique

Cahier de français

W0302174

Sous la direction de :

Florence RANDANNE
Agrégée de Lettres classiques
académie d'Amiens

Céline BARRAUD
Agrégée de Lettres classiques
Lycée Pierre-d'Ailly, Compiègne

Astrid CHAMAHIAN-BACHELLERIE
Agrégée de Lettres modernes
Collège Roquepertuse, Velaux

Jérôme DEWASCH
Agrégé de Lettres classiques
Lycée Pierre-d'Ailly, Compiègne
INSPÉ d'Amiens

Patricia FIZE
Agrégée de Lettres modernes
académie de Caen

Rémi LASSALLE
Agrégé de Lettres classiques
Lycée Pierre-d'Ailly, Compiègne

Sébastien LEMERLE
Certifié de Lettres classiques
Lycée Paul-Claudel, Laon

Laëtitia LOBET
Agrégée de Lettres modernes
Docteur en littérature française et comparée
Lycée Robert de Luzarches, Amiens

Mirita MERCKAERT RIBEIRO
Agrégée de Lettres modernes
Chargée de mission pour l'enseignement du théâtre
Lycée Édouard Gand, Amiens

MAGNARD

Sommaire

24 podcasts originaux pour apprendre autrement l'histoire littéraire
www.lienmini.fr/el1-019

Lire et analyser un texte

Les genres

Les tonalités

Les mouvements

Analyser et interpréter la langue

Se préparer aux épreuves du baccalauréat

Le commentaire

La dissertation

Le carnet de lecture

La contraction et l'essai

L'oral

1 FICHES REPÈRES

Le roman et le récit

L'Antiquité

L'écriture narrative se développe en Grèce au VIIIe siècle av. J.-C., au moment où naît un modèle politique nouveau, la cité, régie par une communauté de citoyens.

Les genres et les thèmes

- Les **épopées**, longs récits en vers, racontent la destinée de héros surhumains, notamment ceux qui combattirent à Troie pour obéir aux dieux de la cité (Homère, *Iliade*, *Odyssée* ; Virgile, *Énéide*).
- Le **roman grec** raconte les épreuves vécues par un couple d'amoureux idéalisé dans un monde injuste (Longus, *Daphnis et Chloé*).
- Le **roman latin** offre le spectacle des aventures comiques de personnages débauchés ou grotesques (Pétrone, *Le Satyricon* ; Apulée, *L'Âne d'or*).

1 D'après les épopées antiques, les Grecs (ou Achéens) ont pris la ville de Troie après un siège de dix ans. La guerre de Troie, épisode essentiel de l'imaginaire antique, a fourni à la littérature deux récits fondateurs.

2 L'*Iliade* raconte cinquante jours de l'affrontement ; l'*Odyssée* est consacrée au retour d'un héros unique, Ulysse, dans sa patrie.

3 Redécouvert au milieu du Moyen Âge, ce mythe donne naissance à plusieurs romans dont *Le Roman de Troie* de Benoît de Sainte-Maure.

Les Troyens font entrer dans leur ville le cheval de Troie, enluminure du *Roman de Troie* de Benoît de Sainte-Maure, manuscrit du XVe siècle.

Le Moyen Âge

Au IXe siècle, le français fait son apparition dans les textes écrits. D'abord employé dans les textes officiels (Serments de Strasbourg en 842), il devient langue littéraire.

	XIe	XIIe – XIIIe – XIVe – XVe
Les genres	➡ **Chansons de geste,** comparables à l'épopée antique	➡ Le raffinement des mœurs entraîne l'**apparition du roman**, destiné à être lu ➡ Longs récits appelés « **romans** », **en vers, puis en prose**
Les thèmes	➡ Exploits guerriers ➡ Histoires des familles royales et princières	➡ Aventures où **merveilleux** et **amour courtois** s'entremêlent à l'intrigue ➡ Inspirés de l'**Antiquité**, de la **légende arthurienne** ➡ Romans contestataires faisant la **satire** de la société ou des valeurs courtoises
Une œuvre	➡ ***La Chanson de Roland***	➡ **Chrétien de Troyes,** *Perceval ou le Conte du Graal* (XIIe siècle)

Le XVIe siècle

Le contexte

- diffusion des textes grecs
- avènement d'une littérature européenne
- imprimerie

Les idées et les thèmes

- foi en l'homme et en ses facultés intellectuelles
- quête du bonheur et de la dignité
- thèmes : éducation, politique, religion, guerre, société

Multiplication et renouvellement

Les genres et les tonalités

- roman
- nouvelle
- goût du rire et de la satire, instruments de la dénonciation et véhicules de la pensée

Les œuvres

- François Rabelais, *Pantagruel* (1532), *Gargantua* (1534)
- Marguerite de Navarre, *Heptaméron* (1559)

Le XVIIe siècle

Roman héroïque

Épopées en prose, idéal galant de la **préciosité**

Honoré d'Urfé, *L'Astrée* (1627)

L'amant ne désire rien davantage que d'être aimé : pour être aimé, il faut qu'il se rende aimable, et ce qui rend aimable est cela même qui rend honnête homme.

Le lexique de l'affection sert une analyse du sentiment amoureux. L'amour inspire la vertu et se soumet à la raison.

Roman comique

En **réaction aux traditions romanesques**

Paul Scarron, *Le Roman comique* (1651)

La grosse sensuelle ôta son mouchoir de col et étala aux yeux du Destin, qui n'y prenait pas grand plaisir, dix livres de tétons pour le moins.

Les notations triviales peignent le corps et le désir avec un réalisme cru.

Roman classique

Roman **épistolaire**, roman **didactique** ou roman **d'analyse**

Mme de Lafayette, *La Princesse de Clèves* (1678)

Elle ne trouvait guère moins de crime à épouser M. de Nemours qu'elle en avait trouvé à l'aimer pendant la vie de son mari […].

La passion amoureuse est sacrifiée au devoir qu'on s'impose à soi-même.

Le XVIIIe siècle

Les genres et les thèmes

- **Le roman épistolaire :** présenté comme une suite de lettres, il donne une impression d'authenticité, exhibe la diversité des points de vue (ex. : Pierre Choderlos de Laclos, *Les Liaisons dangereuses,* 1782) et expose des thèses philosophiques (ex. : Jean-Jacques Rousseau, *Julie ou la Nouvelle Héloïse,* 1761).
- **Le roman d'apprentissage :** il retrace la trajectoire d'un personnage et permet également une réflexion sur le roman (ex. : Denis Diderot, *Jacques le fataliste,* 1796, posth.).

Le roman, au siècle des Lumières, emprunte deux voies principales, qui servent la pensée philosophique en déjouant la censure.

Le XIXe siècle

Après la Révolution française, récit et roman, en raison de leur plasticité qui leur permet d'accueillir toutes les formes, toutes les matières et tous les sujets, prennent une place prépondérante dans la production littéraire.
Au fil du siècle, suscitées par les événements historiques et les évolutions sociales, trois sensibilités littéraires s'expriment dans le roman : **le Romantisme, le Réalisme et le Naturalisme,** qui parfois s'entremêlent.

Récits et romans de l'individu

Le héros, un individu véritable

Les sensibilités

- **Romantisme** : aspiration à un idéal moral, exacerbation des passions
- **Réalisme** : montrer la réalité telle qu'elle est
- **Naturalisme** : fonder le Réalisme sur des lois scientifiques

Les genres

- fresques historiques et sociales

Romantisme
- roman autobiographique et psychologique
- récit fantastique

Réalisme et Naturalisme
- roman de mœurs

Les thèmes

- la mort
- forces et faiblesses de l'être humain

Romantisme
- le « moi », l'expérience intérieure
- la nature
- le conflit avec la société

Réalisme et Naturalisme
- le parcours de l'individu dans la société

Les personnages

- René, personnage romantique
- Julien Sorel, entre Romantisme et Réalisme
- Nana, personnage naturaliste

Les œuvres

- **Romantisme** : François-René de Chateaubriand, *René* (1802)
- **Romantisme et Réalisme** : Stendhal, *Le Rouge et le Noir* (1830)
- **Réalisme** : Gustave Flaubert, *Madame Bovary* (1857)
- **Naturalisme** : Émile Zola, *Nana* (1880)

Romans de l'engagement

Les romanciers observent les souffrances qu'inflige aux hommes le monde du travail, et ils étudient notamment les différentes formes de l'**exclusion**.
Pendant que **George Sand** critique l'institution du mariage ou encore la condition ouvrière et paysanne, **Victor Hugo** dans *Les Misérables* dépeint les difficultés des classes populaires et chante les humbles.

Les grandes fresques romanesques

Balzac, puis Zola entreprennent de montrer qu'aux lois naturelles, découvertes par la science, répondent des lois sociales, que le roman peut découvrir et étudier.

La Comédie humaine

Dans ce cycle de cent romans et nouvelles, Honoré de Balzac entreprend de fondre des pans entiers de **la réalité** dans un « drame à trois ou quatre mille personnages », pour rédiger une **histoire des mœurs** et saisir **la vérité profonde de l'homme**.

- **Thèmes** : amour, relations familiales, religion, ascension sociale, argent.
- **Cadre** : sociétés secrètes, journalisme, Histoire, peuple (ville et campagne).
- **Genres** : roman de mœurs, historique, policier, fantastique.

Les Rougon-Macquart

Ce cycle d'Émile Zola, sous-titré *Histoire naturelle et sociale d'une famille sous le Second Empire,* se compose de **vingt romans**. Il s'appuie sur **les théories de Darwin** et du docteur Lucas (**hérédité**).

- **Thèmes** : tares héréditaires, milieu social, ascension sociale, argent…
- **Cadre** : milieu des affaires, bourgeoisie, ouvriers, paysans, petits commerçants…
- **Genres** : roman de mœurs, historique.

Les XXe et XXIe siècles

Le genre reste très florissant au XXe siècle et poursuit son expansion au XXIe siècle, en qualité et en quantité, malgré la concurrence du film, dans une société où tous savent – ou doivent savoir – lire.
Se détachant du Naturalisme et des grandes lois morales, le roman au XXe siècle peint un individu libre de ses choix et confronté aux difficultés de cette liberté. Thèmes et formes se renouvellent, en rompant avec les traditions ou en les prolongeant, notamment au XXIe siècle.

Explorer de nouvelles trajectoires

Les voies nouvelles du roman moderne

Ruptures et liberté

De nouvelles écritures
- écriture poétique, monologues intérieurs, déconstruction du langage
- écriture en « courant de conscience » (*stream of consciousness*)
- effacement ou parodie de l'intrigue traditionnelle
- prééminence de la sensation, de la vie intérieure

Des personnages en quête de sens
- un « je » isolé dans un monde sans idéal
- l'existence comme souffrance, l'identité indécise, l'art comme issue

Les auteurs
- Marcel Proust, André Gide, Julien Gracq
- auteurs anglo-saxons : James Joyce, Virginia Woolf, William Faulkner
- le Nouveau Roman (voir p. 61)

Le roman entre fiction et réel

- biographie imaginaire : raconter un épisode de la vie d'un personnage illustre
- autofiction : fusion, dans un roman, de l'auteur, du narrateur et du protagoniste
- allo-autobiographie : fusion, dans un « je », de personnages divers

Les auteurs
- Pierre Loti, Colette, Claude Simon, Marguerite Duras, Marguerite Yourcenar, Nicolas Bouvier

Prolonger les traditions

Ces romans ont aujourd'hui la préférence des lecteurs et des jurys des prix littéraires.

Une multiplicité de formes

Romans à portée morale et philosophique

- conscience et proclamation de l'imperfection humaine
- attitude du sujet : nostalgie de l'idéal, révolte, sentiment de l'absurde
- auteurs : François Mauriac, Albert Camus, Jean-Paul Sartre

Roman social

- héritage du roman réaliste du XIXe siècle
- fusion de l'imagination et du réalisme
- attitude du sujet : conscience critique
- auteurs : Louis Aragon, John Steinbeck, Albert Cohen, Annie Ernaux, Maylis de Kérangal

Romans et Histoire

- intrigue : l'action de l'homme dans l'Histoire
- observation de la conscience de l'homme
- analyse et introspection des luttes historiques
- auteurs : André Malraux, Patrick Modiano, Alice Zeniter, Pierre Lemaître, Gaël Faye

Romans de la dérision

- héritage d'une lignée inaugurée par Pétrone
- parodie du roman traditionnel
- peinture de l'imperfection de l'homme
- le héros, figure dégradée de l'aventurier dans un monde hostile
- auteurs : Louis-Ferdinand Céline, Milan Kundera, Michel Houellebecq

Romans populaires

- romans policiers, d'aventure, de science-fiction, sentimentaux

2 FICHES REPÈRES

Le théâtre

Mosaïque romaine avec des masques de théâtre (détail), IIe siècle, musée du Capitole, Rome (Italie).

L'Antiquité

Le mot grec *théatron* (de *théasthaï*, « regarder ») désigne le lieu que l'on observe, où se déroule le spectacle. Ainsi, le genre théâtral est **à la fois un texte et une représentation**. Il est apparu au Ve siècle av. J.-C. à Athènes, lors des fêtes en l'honneur de Dionysos, dieu des forces vitales et du vin.

Les genres et les thèmes

- La **tragédie** antique met en scène des mythes pour parler de la condition humaine et du rôle du citoyen (les Grecs Eschyle, Sophocle et Euripide, Ve siècle av. J.-C., le Romain Sénèque au Ier siècle).
- La **comédie** antique emploie le rire comme instrument de satire politique ou sociale, souvent virulente (le Grec Aristophane au Ve siècle av. J.-C, les Romains Plaute et Térence au IIe siècle av. J.-C.).
- Ces modèles inspireront par la suite Shakespeare et Molière.

> **« La comédie est [...] l'imitation d'hommes de qualité morale inférieure, non en toute espèce de vice, mais dans le domaine du risible. [...] La tragédie [...] est une imitation d'hommes de haute valeur morale. »**
> Aristote, *Poétique*

Du Moyen Âge au XVIe siècle

	XIe-XVe	XVIe
Les lieux	En pleine rue, sur des tréteaux, **dans les foires**	Espaces privés (**pas de salles de théâtre**)
Le public, le spectacle	**Public populaire** Le spectacle peut durer plusieurs jours	**Public : noblesse et cour** Texte déclamé, jeu limité à la lamentation dans la tragédie
Les genres	Le **mystère**, pièce religieuse Des pièces comiques : **farce, sotie**	Retour de la **tragédie** et de la **comédie** Farce, mime comique
Les thèmes	**Bible, vie du Christ et des saints**, légendes populaires (théâtre religieux) **Vie quotidienne** (farce) **Satire des puissants** (sotie)	Tragédie : Bible, **mythes grecs, malheurs des grands** ; inspirations antiques (Sophocle, Euripide, Sénèque) Comédie : amour contrarié, intrigue dans les **milieux bourgeois** ; inspirations antiques (Plaute, Térence)
Œuvres	**Jean Michel**, *La Passion* (1486 – mystère) ***La Farce de maître Pathelin*** (XVe siècle – farce)	**Étienne Jodelle**, *L'Eugène* (1553 – comédie) **Robert Garnier**, *Antigone ou la piété* (1580 – tragédie)

Héritière du carnaval ou de la fête des fous, la **sotie** est une farce satirique très prisée au XVe siècle. Son succès entraîna son interdiction de 1588 à 1594, les propos étant jugés irrévérencieux et subversifs. Les comédies furent également interdites, pour ne laisser que la tragédie, seul divertissement de cour.

Atelier de Pieter Bruegel le Jeune, *Kermesse villageoise avec une procession et un théâtre* (détail), musée Calvet, Avignon.

Le XVIIe siècle

Un âge d'or du théâtre

Développement du théâtre

Le succès du théâtre

- **des soutiens** : le cardinal de Richelieu, Louis XIV
- **des lieux dédiés** : l'Hôtel de Bourgogne, le Palais-Royal, la Comédie-Française en 1680
- **public** : noblesse de cour dans les loges, bourgeoisie et peuple debout au parterre

Le jeu

- **le corps** est davantage mis en jeu
- **des troupes célèbres** comme les Comédiens-Italiens, la troupe de Molière
- **des acteurs consacrés** : La Grange (comédie), la Champmeslé ou Montfleury (tragédie)

Au XVIIe siècle, l'Église condamne le théâtre et refuse les sacrements (mariage, enterrement) aux comédiens s'ils ne renoncent pas à leur métier. Quand Molière meurt, Louis XIV doit intervenir pour que l'archevêque de Paris fasse enterrer l'écrivain, en toute discrétion et de nuit.

Les sources d'inspiration

- **modèles antiques et bibliques**. Ex. : *Iphigénie* de Racine s'inspire d'Euripide
- **modèles espagnols**. Ex. : *Dom Juan* de Molière s'inspire de Tirso de Molina
- **modèles italiens**. Ex. : le personnage de Scapin est inspiré de la *commedia dell'arte*

Les genres

- **la tragédie**. Ex. : Pierre Corneille, *Horace* (1640), Jean Racine, *Phèdre* (1677)
- **la tragi-comédie**. Ex. : Pierre Corneille, *Le Cid* (1637)
- **la comédie**. Ex. : Molière, *L'École des femmes* (1662), *Le Tartuffe* (1669)
- **la comédie-ballet**, avec musique et danse. Ex. : Molière, *Le Bourgeois gentilhomme* (1670)
- **la farce**. Ex. : Molière, *Le Médecin volant* (vers 1660)

Du baroque au classicisme

Théâtre baroque

Jeu sur l'illusion théâtrale pour une **mise en abyme** du monde réel

Pierre Corneille, *L'Illusion comique*, **acte II, scène 1** (1635)

Alcandre fait entrer Pridamant dans sa grotte magique pour y voir le passé de son fils.

ALCANDRE. – Quoi qu'il s'offre à nos yeux, n'en ayez point [d'effroi :
De ma grotte surtout ne sortez qu'après moi ;
Sinon, vous êtes mort. Voyez déjà paraître
Sous deux fantômes vains votre fils et son maître.

Champ lexical de la vue pour questionner l'illusion, ce qu'on voit est-il vrai ? (à commencer par le théâtre)

Théâtre classique

Plaire et instruire : purger les passions ou « corriger les mœurs par le rire »

Jean Racine, *Phèdre*, **acte I, scène 3** (1677)

Phèdre raconte son coup de foudre pour Hippolyte, le fils de son mari.

PHÈDRE. – Je le vis, je rougis, je pâlis à sa vue.
Un trouble s'éleva dans mon âme éperdue.
Mes yeux ne voyaient plus, je ne pouvais parler,
Je sentis tout mon corps et transir, et brûler.

Deux antithèses, le lexique de l'égarement, la négation soulignent la confusion de la passion.

Les règles du théâtre classique

- **La règle des trois unités** : une seule action, un seul lieu, une seule journée.
- **La bienséance** : respect des mœurs 1) à l'époque de l'action, 2) du public du XVIIe siècle (pas de meurtre sur scène).
- **La vraisemblance** : paroles et actions doivent être crédibles.

Le XVIIIe siècle

Les règles s'assouplissent. Les auteurs introduisent des scènes de meurtre et complexifient les intrigues.

Soucieux de la rémunération des auteurs, Beaumarchais réussit à fonder la première société des auteurs dramatiques et à faire passer en 1791 une loi sur le droit d'auteur. Les auteurs ont désormais une rétribution chaque fois que leurs pièces sont jouées.

➡ La **tragédie** domine toujours la scène (ex. : Voltaire, *Zaïre*, 1732).
➡ Les dramaturges inventent le **drame bourgeois** qui traite de sujets graves dans une intrigue familiale à valeur morale (ex. : Denis Diderot, *Le Fils naturel*, 1757).
➡ La **comédie** se diversifie. Les scènes sont entrecoupées de chansons aux airs connus (ex. : Beaumarchais, *Le Barbier de Séville*, 1775). Les auteurs pratiquent **une analyse subtile des sentiments (marivaudage)**, accompagnée par des déguisements des personnages (ex. : Marivaux, *La Fausse Suivante*, 1724). Ils dénoncent aussi les **inégalités sociales** (ex. : Marivaux, *L'Île des esclaves*, 1725 ; Beaumarchais, *Le Mariage de Figaro*, 1784).

Le XIXe siècle

Les genres classiques et la hiérarchie entre tragédie et comédie sont contestés par le théâtre romantique.
De nouveaux genres apparaissent.

Le drame romantique

Les principes
- mélange du tragique et du comique
- refus des règles classiques
- intrigues inspirées de l'Histoire

Les auteurs et les œuvres
- Alfred de Musset, *Lorenzaccio* (1833) : inspiré de la Renaissance italienne
- Victor Hugo, *Ruy Blas* (1838) : inspiré de l'Espagne du XVIe siècle
- Edmond Rostand, *Cyrano de Bergerac* (1897) : inspiré d'un personnage historique du XVIIe siècle

> **« [La poésie] se mettra à faire comme la nature, à mêler dans ses créations, sans pourtant les confondre, l'ombre à la lumière, le grotesque au sublime, en d'autres termes, le corps à l'âme, la bête à l'esprit. »**
> **Victor Hugo**, préface de *Cromwell*

La première représentation d'*Hernani*, gravure satirique de Grandville, 1836.

En 1830, pendant les représentations d'*Hernani*, drame romantique de Victor Hugo, le public se divise entre partisans et adversaires du drame romantique : c'est la bataille d'*Hernani*.

Le mélodrame

- drame mêlé de musique
- a donné « mélo » (terme familier pour « larmoyant »)
- ex. : Louis-Charles Caignez, *La Pie voleuse* (1815)

Le vaudeville

- comédie d'intrigue aux nombreux rebondissements
- satire des milieux d'affaires et de la vie bourgeoise
- a donné « vaudevillesque »
- ex. : Georges Feydeau, *La Dame de chez Maxim* (1899)

Le drame comique

- intrigue de tragédie traitée comme une farce
- rupture des codes du théâtre
- a donné « ubuesque »
- ex. : Alfred Jarry, *Ubu roi* (1896)

Les XXᵉ et XXIᵉ siècles

Questionnements et explorations

	Inspirations, courants, thèmes	Auteurs, metteurs en scène et œuvres
1900-1930	Influences religieuses, orientales ou antiques	**Paul Claudel**, *L'Annonce faite à Marie* (1912) **Jean Cocteau**, *La Machine infernale* (1934) **Jean Giraudoux**, *Électre* (1937)
1920-1960	Recherches théâtrales : le **spectacle total** la **distanciation** le **théâtre populaire**	**Antonin Artaud**, *Le Théâtre et son double* (1938) **Bertolt Brecht**, *Petit Organon pour le théâtre* (1948) **Jean Vilar** (metteur en scène) crée le festival d'Avignon (1947)
1945-1960	L'après-guerre, les bouleversements politiques et philosophiques L'existentialisme de Jean-Paul Sartre	**Jean-Paul Sartre**, *Les Mains sales* (1948) **Albert Camus**, *Les Justes* (1949)
1950-1980	Le **théâtre de l'Absurde**	**Eugène Ionesco**, *La Cantatrice chauve* (1950) **Samuel Beckett**, *En attendant Godot* (1952) **Eugène Ionesco**, *Rhinocéros* (1959)
Depuis 1980	Retour au **théâtre de texte** Jeu sur le **langage**	**Bernard-Marie Koltès**, *Combat de nègre et de chiens* (1979) **Jean Tardieu**, *La Comédie du langage* (1987) **Jean-Luc Lagarce**, *Juste la fin du monde* (1990) **Valère Novarina**, *L'Atelier volant* (1998)

L'ère de la mise en scène

À partir de 1940, le metteur en scène opère une véritable création du texte théâtral en réinterprétant des textes classiques et contemporains : Jean Vilar, Antoine Vitez, Georges Lavaudant, Brigitte Jaques-Wajeman, et tout dernièrement David Bobée, Thomas Jolly...

	Évolutions, courants, thèmes	Auteurs, metteurs en scène et œuvres
Depuis le début du XXᵉ siècle	Bouleversements techniques et artistiques Évolution de la mise en scène par le **recours à d'autres arts**, par des **expériences de vie de troupe** et de collectifs	Recours aux arts plastiques (**Roméo Castellucci**), à la musique (**Benjamin Lazar**), à la vidéo (**Cyril Teste**) **Théâtre du Soleil** d'Ariane Mnouchkine, compagnie **Les Chiens de Navarre**
Depuis 1980	**Collaborations fructueuses** entre auteurs et metteurs en scène	**Bernard-Marie Koltès**, *Dans la solitude des champs de coton* (1985), avec le metteur en scène **Patrice Chéreau** **Mohamed Rouabhi**, *Jamais seul* (2017), avec le metteur en scène **Patrick Pineau**
	Théâtre qui parle de **réalités historiques et économiques**, ou porte des témoignages (renouveau du théâtre documentaire)	**Jean-Claude Grumberg**, *L'Atelier* (1979) **Collectif Groupov**, *Rwanda 94* (1999) **Ahmed Madani**, *F(l)ammes* (2016)
Depuis 1990	Certains auteurs mettent leur texte en scène dans une **création globale**	**Olivier Py**, *Illusions comiques* (2006) **Wajdi Mouawad**, tétralogie *Le Sang des promesses* (2007-2009) **Catherine Anne**, *J'ai rêvé la révolution* (2018)
	Écriture de plateau : texte créé à partir de fragments et de ce qui se joue sur scène **Improvisations** qui visent la provocation pour dénoncer une société conformiste	**Joël Pommerat**, *Ça ira (1) Fin de Louis* (2015) **Collectif les Chiens de Navarre**, *Jusque dans vos bras* (2016)

3 FICHES REPÈRES

La poésie

L'Antiquité

La poésie antique est avant tout **musicale** et **orale**. Poètes et musiciens sont protégés par les mêmes dieux, Apollon et les muses.

Les formes et les thèmes

Une **grande variété de formes et de tonalités** :
- les **épopées** qui racontent les exploits des héros (*Odyssée* et *Iliade* d'Homère, *Énéide* de Virgile)
- les **odes** qui chantent les amours heureuses (poésie de Sappho, odes d'Horace qui traitent aussi d'autres thèmes comme la célébration des plaisirs de la vie, les sujets politiques) et les **élégies** les amours malheureuses (Tibulle, Properce)
- les **fables** (Phèdre)
- les **récits mythologiques** (*Les Métamorphoses d'Ovide*)

1 Le mythe d'Orphée est le symbole de la poésie lyrique : sublimer les sentiments, charmer autrui, tenter de faire renaître ce qui est perdu.

2 Orphée, poète légendaire, descendit aux Enfers pour ressusciter son épouse Eurydice. Les dieux, fascinés par sa musique, lui permettent de ramener Eurydice chez les vivants à condition qu'il ne se retourne pas vers elle avant de sortir des Enfers. Il enfreint l'interdit et la perd à jamais.

3 Sa parole poétique est empreinte de pouvoirs divins : par ses chants et sa lyre, il est capable de charmer même les animaux.

Gustave Moreau, *Orphée : le midi, le chant*, 1886, musée national Gustave Moreau, Paris.

> « C'est chose légère que le poète, ailée, sacrée ; il n'est pas en état de créer avant d'être inspiré par un dieu, hors de lui, et de n'avoir plus sa raison. »
> Platon, *Ion*

Le Moyen Âge

	XIe	XIIe	XIIIe	XIVe	XVe
Le poète	➡ Troubadour ou trouvère, il s'accompagne de **musique**			➡ **L'auteur moderne** apparaît progressivement	
Les thèmes	➡ **L'amour courtois**, expression **codifiée** de l'amour			➡ Inspiration **personnelle**	
Les formes	➡ **Lai** (poème narratif, chanté à l'origine), **canso** (chanson d'amour)			➡ **Ballade, rondeau** (formes fixes) : d'une poésie orale à une poésie écrite, les poètes mettent l'accent sur le rythme du vers et sur la rime	
Une œuvre	➡ **Marie de France**, *Lais* (XIIe)			➡ **François Villon**, « Épitaphe Villon » (XVe)	

Le XVIe siècle

Les sources d'inspiration
- Les poètes de l'Antiquité
- Platon
- Pétrarque (Italie)

Les thèmes
- l'amour
- la nature
- la fuite du temps
- la création
- la « fureur poétique » (Platon)
- la satire

Renouvellement et diversité

Diversité des formes
- le sonnet
- l'ode
- l'hymne
- l'épopée

Les écoles et courants

Poètes lyonnais
- Louise Labé
- Maurice Scève

La Pléiade
- Joachim Du Bellay
- Pierre de Ronsard

Précurseur du baroque
- Agrippa d'Aubigné

Les poètes français ont emprunté la forme du sonnet au poète italien Pétrarque (XIVe s.). Les poètes de la Pléiade et les poètes baroques ont largement employé cette forme. Le sonnet réapparaît au XIXe siècle chez Nerval, Baudelaire ou Rimbaud.

Les XVIIe et XVIIIe siècles

Les poètes du XVIIe siècle reprennent les formes poétiques héritées du siècle précédent : sonnet, odes, épigrammes. La poésie est souvent un jeu pratiqué dans les salons tenus par les Précieux.

Le XVIIe siècle : du baroque au classicisme

Poésie baroque

Des **images frappantes** pour évoquer **l'instabilité du monde**

Pierre Matthieu, *Tablettes de la vie et de la mort* (1613)

Le monde est une mer; la galère est la vie,
le temps est le nocher, l'espérance est le nord,
la fortune le vent, les orages l'envie,
et l'homme le forçat qui n'a port qu'en la mort.

Une métaphore filée, un chiasme, expression de la vanité de l'Homme.

Poésie classique

Une poésie didactique : « plaire et instruire »

Jean de La Fontaine, « Les vautours et les pigeons », *Fables* (1668-1694)

Tenez toujours divisés les méchants ;
La sûreté du reste de la terre
Dépend de là : semez entre eux la guerre,
Ou vous n'aurez avec eux nulle paix.

Emploi de l'impératif pour exhorter, expression d'une vérité générale.

La poésie au XVIIIe siècle

Le siècle des Lumières n'accorde pas une large place à la poésie.
Ce genre est parfois mis au service de la réflexion philosophique (**Voltaire**, *Poème sur le désastre de Lisbonne*, 1756). À la fin de ce siècle, les *Élégies* d'**André Chénier** annoncent la poésie romantique par leur lyrisme.

Le XIXe siècle

> **« Et sur les bataillons d'alexandrins carrés,
> Je fis souffler un vent révolutionnaire.
> Je mis un bonnet rouge au vieux dictionnaire.
> Plus de mot sénateur ! plus de mot roturier ! »**
> **Victor Hugo,** « Réponse à un acte d'accusation », *Les Contemplations*

Portrait de Victor Hugo en 1848, après son élection à l'Assemblée nationale.

La poésie romantique

Les poètes rompent avec les codes du passé, **assouplissent la versification**, introduisent dans le langage poétique un **vocabulaire courant**, voire familier. La poésie est au service de l'expression lyrique du moi, de la rêverie, mais aussi de l'engagement. Le poète se définit comme un prophète.

- Marceline Desbordes-Valmore, *Élégies et romances* (1819)
- Alphonse de Lamartine, *Méditations poétiques* (1820)
- Victor Hugo, *Les Châtiments* (1852), *Les Contemplations* (1856)

La poésie parnassienne

En réaction au lyrisme romantique, les poètes prônent le retour aux **formes classiques contraignantes** et à l'inspiration antique. Ils refusent l'engagement par l'écriture. Le poète est un artisan virtuose du vers.

- Théophile Gautier, *Émaux et camées* (1852)
- Leconte de Lisle, *Poèmes antiques* (1852), *Poèmes barbares* (1862)
- José-Maria de Heredia, *Les Trophées* (1893)

Charles Baudelaire

Baudelaire occupe une place prépondérante au XIXe siècle. La poésie est pour lui une quête esthétique qui passe par la maîtrise formelle. Il explore aussi **la forme nouvelle du poème en prose** et introduit des sujets modernes en poésie (la ville, le quotidien).

- *Les Fleurs du mal* (1857) : influencées par le Romantisme, mais dédicacées au Parnassien Théophile Gautier
- *Petits Poèmes en prose ou le Spleen de Paris* (1869)

Les Décadents

Se réclamant de Baudelaire, les Décadents rejettent les conventions d'une société bourgeoise et matérialiste. Ils expriment leur mal-être dans des **poèmes qui recherchent la dissonance**, parfois sur un mode ironique ou sarcastique.

- Charles Cros, *Le Coffret de santal* (1873)
- Tristan Corbière, *Les Amours jaunes* (1873)
- Jules Laforgue, *Les Complaintes* (1885)

La poésie symboliste

À la suite de Baudelaire, les poètes explorent l'univers de la rêverie et de l'imaginaire. Ils traduisent en symboles leurs visions intérieures, leur perception du monde. Ces poètes recherchent la musicalité de l'écriture et explorent **le poème en prose**, les **vers libres ou impairs**.

- Paul Verlaine, *Poèmes saturniens* (1866), *Jadis et Naguère* (1884)
- Arthur Rimbaud, *Une Saison en enfer* (1873), *Illuminations* (posth., 1895)
- Émile Verhaeren, *Les Villes tentaculaires* (1895)
- Stéphane Mallarmé, *Poésies* (1899)

> **« Je dis qu'il faut être voyant, se faire voyant.
> Le Poète se fait voyant par un long, immense
> et *raisonné* dérèglement de *tous les sens*. »**
> **Arthur Rimbaud,** *Lettre à Paul Demeny*, dite « Lettre du voyant »

Étienne Carjat, *Portrait d'Arthur Rimbaud*, photographie, vers 1872.

Le XXe siècle

De l'Esprit nouveau au Surréalisme

Autour de 1910, les poètes renouvellent le lyrisme en exploitant les formes modernes comme le **poème en prose**, le **vers libre**, les **calligrammes**, les **versets**. Ainsi, **Saint-John Perse** dans *Éloges* (1911) ou **Paul Claudel** dans ses *Cinq grandes odes* (1910) s'inscrivent dans une tradition lyrique renouvelée. L'écriture peut prendre une dimension ludique en détournant les formes du passé, comme le **sonnet**. Certains poètes, comme **Guillaume Apollinaire** dans *Alcools* (1913) et *Calligrammes* (1918), ou **Blaise Cendrars** dans *La Prose du Transsibérien* (1913), intègrent les éléments du monde moderne dans leur écriture.

Influencés par Apollinaire, les poètes surréalistes tels qu'**André Breton**, **Paul Eluard**, **Louis Aragon**, explorent l'inconscient à travers des jeux poétiques (**écriture automatique, cadavre exquis**) afin de faire surgir des associations inattendues. Ils célèbrent l'imaginaire et l'« amour fou » dans une écriture qui se libère des bornes de la raison et qui privilégie l'image originale.

Depuis 1945 : diversité des langages poétiques

La poésie engagée

Une écriture qui remet en cause le monde et l'ordre établi

Dérision et contestation

Dénoncer par l'humour et la chanson
- Jacques Prévert
- Boris Vian

La Négritude

Dénoncer le colonialisme, promouvoir les cultures africaines et créoles
- Aimé Césaire
- Léon Gontran-Damas
- Léopold Sédar Senghor

Poésie et Résistance

Résister par les actes et le langage
- Louis Aragon
- René Char
- Paul Eluard

La remise en cause du lyrisme et du Surréalisme

Une écriture qui s'interroge sur elle-même, sur ses formes et ses moyens

L'OuLiPo

Jeux d'écriture sous contraintes, avec formes et vers classiques
- Raymond Queneau
- Jacques Roubaud

Le quotidien et l'ordinaire

S'interroger sur le rapport au monde réel
- Eugène Guillevic
- Francis Ponge

La permanence des thèmes lyriques

L'amour, la beauté du monde, la condition humaine

Parcours individuels

Entre lyrisme et interrogations
- Yves Bonnefoy
- Andrée Chedid
- Guy Goffette
- Philippe Jaccottet
- Jean-Michel Maulpoix
- Jacques Réda

4 FICHES REPÈRES

La littérature d'idées

L'Antiquité

À partir du Ve siècle av. J.-C. et de l'invention de la démocratie athénienne, l'Antiquité grecque puis romaine développe de nombreux genres aux tonalités diverses.

La littérature d'idées a un but **didactique** ou **argumentatif**, soit **de manière directe** (dans un discours explicite), soit **de manière indirecte** (dans une fiction exposant de manière implicite les idées de l'auteur).

Les genres et les thèmes

Les formes du discours :
- les **discours judiciaires, politiques** fondent les caractéristiques de l'art de la parole
- de nature variée (scientifique, philosophique, etc.), **le traité** construit une démonstration élaborée et précise sur un sujet, et tend à l'objectivité (ex. : Aristote, *La Rhétorique* et *La Poétique* ; Cicéron, *De l'amitié* et *De l'orateur*)

Les formes poétiques brèves :
- **épigramme** (Martial) et **satire** (Juvénal) brossent un tableau critique de la société

L'apologue :
- la **fable** (Ésope chez les Grecs, Phèdre chez les Romains)
- le **théâtre** (la tragédie est le lieu d'une réflexion sur la condition humaine chez Sophocle ou Euripide, sur les passions chez Sénèque)
- les **récits** (Lucien, *Histoires vraies* ; Pétrone, *Le Satyricon*)

1 Platon, disciple de Socrate, met en scène son maître à travers de nombreux dialogues philosophiques.

2 Aristote, disciple de Platon et fondateur de l'école philosophique « le Lycée ».

3 Aristote résume dans *La Rhétorique* les trois éléments qui permettent de convaincre et de persuader à travers le discours :
- l'***ethos*** : image que le locuteur donne de lui-même, valeurs et qualités morales qu'il incarne ;
- le ***pathos*** : émotions (rire, indignation, etc.) qui poussent l'auditeur à adhérer à la pensée de l'orateur ;
- le ***logos*** : idées, arguments, exemples qui nourrissent le discours de manière rationnelle.

Raphaël, *L'École d'Athènes* (détail) : Platon et Aristote entouré d'autres philosophes, 1508-1512, Palais du Vatican.

Le XVIe siècle

Un mouvement intellectuel européen

Mouvement intellectuel né au XVe siècle en Italie, l'Humanisme, à travers les relectures des textes antiques, s'attache à mettre l'homme au cœur des savoirs, de les développer et d'exercer son esprit critique. Son projet est caractérisé par un idéal de vie, la recherche d'un équilibre et une foi en l'homme, être perfectible.

Des œuvres majeures dans l'histoire des idées

	Thomas More	François Rabelais	Joachim du Bellay	Michel de Montaigne
L'auteur et l'œuvre	*L'Utopie* (1516)	*Gargantua* (1534)	*La Défense et illustration de la langue française* (1549)	*Essais* (1580-1595)
Le résumé	Un voyageur décrit la société idéale qu'il a observée dans l'île imaginaire d'Utopie	Vie d'un géant aux proportions colossales, reflet d'un écrivain en quête d'idéal et de perfection	Affirmation de la valeur de la langue française, qui peut rivaliser avec les autres	L'auteur exprime librement sa pensée, entre expérience vécue et regard universel
Citation-clé	« La paix vaut bien qu'on s'occupe d'elle autant que la guerre. »	« Car la plus vraie perte de temps qu'il connût était de compter les heures »	« celui sera véritablement le poète que je cherche en notre langue, qui me fera indigner, apaiser, éjouir, douloir, aimer, haïr »	« Chaque homme porte en soi la forme entière de l'humaine condition. »

Le XVIIe siècle

Exprimant leurs idées sur la société et l'homme dans des formes variées, les écrivains construisent la figure idéale de « l'honnête homme », à travers un travail sur la langue, reflet de la pensée.

Argumentation directe

Des **sentences pour peindre et critiquer les mœurs**

François de La Rochefoucauld, *Maximes* (1665)

Les vieillards aiment à donner de bons préceptes pour se consoler de n'être plus en état de donner de mauvais exemples.

- Brièveté de la pensée, syntaxe ciselée, jeu sur les antithèses.
- Parallélisme de construction dans deux propositions : la première, donnant une image positive de la vieillesse, ménage la chute ironique (frustration et déception de l'âge).

Argumentation indirecte

Des **récits** représentant **des vices ou des défauts**

Jean de La Fontaine, « La Besace », *Fables* (1668-1694)

L'Éléphant étant écouté,
Tout sage qu'il était, dit des choses pareilles :
Il jugea qu'à son appétit
Dame Baleine était trop grosse.
Dame Fourmi trouva le Ciron trop petit,
Se croyant, pour elle, un colosse.

- Critique de l'homme qui voit mieux les défauts de l'autre que les siens. Utilisation dans le récit d'un bestiaire humanisé, ironie du fabuliste qui met en scène des personnages vantards.

Le XVIIIe siècle

Une œuvre-phare : *l'Encyclopédie*

- contre l'ignorance et l'obscurantisme qui empêchent l'individu d'être libre
- rassemble les grands penseurs du siècle
- somme des connaissances
- outil de contestation sociale et politique

Les thèmes

- liberté, bonheur
- égalité des droits : abolition de l'esclavage, tolérance religieuse
- éducation
- critique de la monarchie absolue

En marche vers la Révolution

L'argumentation directe

- **discours** : Jean-Jacques Rousseau, *Discours sur l'origine et les fondements de l'inégalité parmi les hommes* (1755)
- **traité** : Voltaire, *Traité sur la tolérance* (1763)
- **manifeste** : Olympe de Gouges, *Déclaration des droits de la femme et de la citoyenne* (1791)
- **dialogue philosophique** : Denis Diderot, *Supplément au Voyage de Bougainville* (posth., 1796)

L'argumentation indirecte

- **récits de fiction** : Montesquieu, *Lettres persanes* (1721), Denis Diderot, *Jacques le Fataliste et son maître* (1765-1784)
- **théâtre** : Marivaux, *L'Île des esclaves* (1725), Beaumarchais, *Le Mariage de Figaro* (1784)
- **conte philosophique** : Voltaire, *Candide ou l'Optimisme* (1759)

5 La tonalité comique

Définition

- Cherche à provoquer l'amusement, en créant un écart surprenant, un décalage ridicule ou absurde entre une situation et ce qui est normalement attendu.
- Plusieurs types de comiques : de situation, de gestes, de caractère, de mots, de répétition.

Exemple : Molière, *Le Bourgeois gentilhomme*.

Effets

- Cherche à faire rire ou sourire le lecteur.
- Peut porter une critique de la société.

Exemple : Beaumarchais, *Le Mariage de Figaro*.

Procédés

- Quiproquo, retournement de situation, effet « boule de neige » (actes aux conséquences de plus en plus grandes).
- Coups, grimaces, courses-poursuites, etc.
- Personnages au comportement caricatural.
- Jeux de mots, hyperboles, jargon et patois, comique de répétition.

Exemples : comique de répétition, de situation : dans *Le Tartuffe* de Molière, Orgon répète « Le pauvre homme » dès qu'on parle de Tartuffe ; comique de mots : « ARLEQUIN. – […] il m'appelle quelquefois Arlequin, quelquefois Hé » (Marivaux, *L'Île des esclaves*) ; comique de gestes : dans *Les Boulingrin* de Courteline, un couple détruit son appartement dans une dispute.

Exercices

1 Observez les éléments surlignés dans l'extrait suivant et justifiez les grandes caractéristiques rattachant ce texte à la tonalité comique par un relevé précis (faits de langue, citations…).

Molière, *Le Médecin malgré lui*, acte I, scène 6 (1666)

Pour se venger après une dispute, Martine fait passer son mari Sganarelle pour un médecin fou, qui n'avoue son métier que si on le bat. Valère et Lucas cherchent justement un médecin.

SGANARELLE. – Messieurs, en un mot autant qu'en deux mille, je vous dis que je ne suis point médecin.
VALÈRE. – Vous n'êtes point médecin ?
SGANARELLE. – Non.
LUCAS. – V'n'estes pas médecin ?
SGANARELLE. – Non, vous dis-je.
VALÈRE. – Puisque vous le voulez, il faut s'y résoudre.
Ils prennent un bâton, et le frappent.
SGANARELLE. – Ah ! ah ! ah ! Messieurs, je suis tout ce qu'il vous plaira. […] Que diable est ceci, Messieurs, de grâce, est-ce pour rire, ou si tous deux vous extravaguez, de vouloir que je sois médecin ?
VALÈRE. – Quoi ? vous ne vous rendez pas encore, et vous vous défendez d'être médecin ?
SGANARELLE. – Diable emporte, si je le suis.
LUCAS. – Il n'est pas vrai qu'ous sayez médecin ?
SGANARELLE. – Non, la peste m'étouffe ! *(Là ils recommencent de le battre.)* Ah, ah. Hé bien, Messieurs, oui, puisque vous le voulez, je suis médecin, je suis médecin, apothicaire encore, si vous le trouvez bon. J'aime mieux consentir à tout, que de me faire assommer.

- Une scène de quiproquo

……………………………………………
……………………………………………
……………………………………………
……………………………………………
……………………………………………
……………………………………………

- Trois types de comiques

• Geste : ……………………………………
• Répétition : ……………………………………
……………………………………………
……………………………………………
• Mots : ……………………………………
……………………………………………

2 En quoi l'extrait suivant a-t-il une tonalité comique ? Justifiez votre réponse.

Jules Romains, *Knock ou le Triomphe de la médecine*, acte II, scène 1 (1924)

KNOCK. – De quoi souffrez-vous ?
LE TAMBOUR, *en riant.* – Attendez que je réfléchisse ! Voilà. Quand j'ai dîné, il y a des fois que je sens une espèce de démangeaison ici *(montrant le haut de son ventre)*. Ça me chatouille, ou plutôt ça me gratouille.
KNOCK, *réfléchissant profondément.* – Attention. Ne confondons pas. Est-ce que ça vous chatouille, ou est-ce que ça vous gratouille ?
LE TAMBOUR. – Ça me gratouille. Mais ça me chatouille bien un peu aussi.

……………………………………………
……………………………………………
……………………………………………
……………………………………………
……………………………………………
……………………………………………
……………………………………………
……………………………………………

La tonalité satirique

Définition

- Dénonce un défaut, critique une personne ou une catégorie de personnes.
- Emploie des exagérations, utilise la caricature.

Exemple : Molière, *Le Malade imaginaire*.

Effets

- Suscite le rire, la moquerie.
- Provoque le rejet, l'indignation, le blâme.

Exemple : J. de La Fontaine, « Les Animaux malades de la peste ».

Procédés

- Lexique péjoratif.
- Exagérations : hyperboles, accumulations.
- Ironie : antiphrases.
- Parodie : imitation d'une œuvre, d'un discours.
- Pastiche : imitation du style d'un auteur.

Exemple : « Gnathon ne vit que pour soi [...]. Non content de remplir à une table la première place, il occupe lui seul celle de deux autres » (Jean de La Bruyère, *Les Caractères*).

Exercices

1 Lisez le texte et répondez aux questions ci-dessous.

Jean de La Bruyère, *Les Caractères* (1688)

Ménippe est l'oiseau paré de divers plumages qui ne sont pas à lui. Il ne parle pas, il ne sent[1] pas ; il répète des sentiments et des discours, se sert même si naturellement de l'esprit des autres qu'il y est le premier trompé, et qu'il croit souvent dire son goût ou expliquer sa pensée, lorsqu'il n'est que l'écho de quelqu'un qu'il vient de quitter.

1. pense, réfléchit par lui-même.

a. Soulignez les images utilisées pour décrire Ménippe. Quel trait de caractère est ici visé ?

....

....

....

b. Par quel procédé grammatical récurrent l'auteur amplifie-t-il ce défaut ?

....

....

....

....

....

....

2 Relevez les procédés qui inscrivent cet extrait dans la tonalité satirique.

Montesquieu, *Lettres persanes,* lettre 99 (1721)

Je trouve les caprices de la mode, chez les Français, étonnants. [...] Quelquefois les coiffures montent insensiblement, et une révolution les fait descendre tout à coup. Il a été un temps que leur hauteur immense mettait le visage d'une femme au milieu d'elle-même ; dans un autre, c'étaient les pieds qui occupaient cette place, les talons faisaient un piédestal qui les tenait en l'air.

- Antithèses : ....

....

....

- Hyperboles : ....

....

- Métaphores : ....

....

3 Soulignez les éléments qui montrent que l'auteur fait la satire de ce type d'enseignement. Quels procédés stylistiques et grammaticaux relevez-vous ?

François Rabelais, *Gargantua* (1535)

Grandgousier cherche un maître pour éduquer son fils, Gargantua.

De fait, on lui recommanda un grand docteur sophiste, nommé Maître Thubal Holoferne, qui lui apprit si bien son alphabet qu'il le récitait par cœur à l'envers, ce qui lui prit cinq ans et trois mois. Puis il lui lut *la grammaire de Donatus*, le *Facet*, le *Théodolet* et Alain dans ses *Paraboles*[1], ce qui lui prit treize ans, six mois et deux semaines. Notez que pendant ce temps il lui apprenait à écrire en caractères gothiques, et il écrivait tous ses livres, car l'art de l'imprimerie n'était pas encore en usage.

1. livres qui ont inspiré l'éducation médiévale.

Orthographe modernisée par les auteurs.

....

....

....

....

....

....

....

....

....

7 Les tonalités lyrique et élégiaque

Définitions

- La tonalité lyrique exprime de façon musicale des sentiments personnels.
- La tonalité élégiaque exprime la plainte, la douleur, la nostalgie, souvent à l'occasion d'un deuil, d'un exil.

Exemples : lyrique : G. Apollinaire, « Zone » ; élégiaque : A. de Lamartine, « Le Lac ».

Effets

- Suscite l'émotion.
- La tonalité élégiaque peut davantage provoquer la tristesse.

Exemples : lyrique : A. Camus, « Noces à Tipasa » ; élégiaque : V. Hugo, *Les Contemplations*.

Procédés

- Lexique des sentiments (amour, nostalgie...) et des émotions (joie, tristesse...).
- Marques de la 1re personne (« je », « moi », « notre », etc.).
- Phrases interrogatives, exclamations, interjections (« ah ! ô ! »).
- Apostrophes (« ô belle heure de l'été », « mon amour »...).
- Assonances (répétitions de sons-voyelles) et allitérations (répétitions de sons-consonnes).
- Répétitions et anaphores qui rythment les phrases.

Exemples : lyrique : « Belle fleur humaine que caresse ma pensée et que baise mon âme ! ô mon lys ! » (H. de Balzac, *Le Lys dans la vallée*) ; élégiaque : « Et sans saisir sa main ma main s'est avancée :/ Et mon dernier adieu dans les airs s'est perdu ! » (M. Desbordes-Valmore, « Élégie »).

Exercices

1 Dites quel(s) sentiment(s) chaque extrait exprime. La tonalité est-elle lyrique ou élégiaque ? Relevez les procédés d'écriture utilisés.

1. La courbe de tes yeux fait le tour de mon cœur,
Un rond de danse et de douceur,
Auréole du temps, berceau nocturne et sûr,
Et si je ne sais plus tout ce que j'ai vécu
C'est que tes yeux ne m'ont pas toujours vu.
(P. Eluard, « La courbe de tes yeux... » (extrait), in *Capitale de la douleur*, © Gallimard)

champ lexical des sentiments
amoureux
lyrisme

2. *Rousseau se souvient des chansons de son enfance.*
Il m'en revient même, aujourd'hui que je l'ai perdue, qui, totalement oubliées depuis mon enfance, se retracent à mesure que je vieillis, avec un charme que je ne puis exprimer. Dirait-on que moi, vieux radoteur, rongé de soucis et de peines, je me surprends quelquefois à pleurer comme un enfant, en marmottant ces petits airs d'une voix déjà cassée et tremblante ? **(J.-J. Rousseau)**

champ lexicale de les peine
élégie

2 Lisez le texte et répondez aux questions ci-dessous.

Charles Baudelaire, « À une passante » (1857)

[...] Un éclair... puis la nuit ! – Fugitive beauté
Dont le regard m'a fait soudainement renaître,
Ne te verrai-je plus que dans l'éternité ?

Ailleurs, bien loin d'ici ! trop tard ! jamais peut-être !
Car j'ignore où tu fuis, tu ne sais où je vais,
Ô toi que j'eusse aimée, ô toi qui le savais !

a. Quel rôle le temps joue-t-il dans cette scène de rencontre ?

b. En quoi peut-on dire que le poème est musical ? Observez les vers 1, 4, 5-6, ainsi que les jeux sonores.

c. À quelle(s) tonalité(s) ce texte se rattache-t-il ?

La tonalité pathétique 8

Définition

- Cherche à apitoyer le lecteur devant les souffrances d'autrui.
- À la différence du tragique, ménage un suspense : la situation des personnages peut encore s'améliorer.

Effet

- Fait naître la compassion, la pitié.

Procédés

- Points de suspension, phrases exclamatives.
- Questions rhétoriques.
- Apostrophes.
- Hyperboles, comparaisons, métaphores qui insistent sur la souffrance.

Exemple : « Ah ! quel sentiment amer de désespoir et d'impuissance ! Quelle agonie que cette veille ! » (T. Gautier, *La Morte amoureuse*).

Exercices

1 Observez les éléments surlignés dans l'extrait suivant et justifiez les grandes caractéristiques rattachant ce texte à la tonalité pathétique par un relevé précis (faits de langue, citations).

Victor Hugo, « Melancholia », *Les Contemplations* (1856)

[…] Où vont tous ces enfants dont pas un seul ne rit ?
Ces doux êtres pensifs que la fièvre maigrit ?
Ces filles de huit ans qu'on voit cheminer seules ?
Ils s'en vont travailler quinze heures sous des meules.
Ils vont, de l'aube au soir, faire éternellement
Dans la même prison le même mouvement.
Accroupis sous les dents d'une machine sombre,
Monstre hideux qui mâche on ne sait quoi dans l'ombre,
Innocents dans un bagne, anges dans un enfer,
Ils travaillent. Tout est d'airain, tout est de fer.
Jamais on ne s'arrête et jamais on ne joue.
Aussi quelle pâleur ! la cendre est sur leur joue.
Il fait à peine jour, ils sont déjà bien las.
Ils ne comprennent rien à leur destin, hélas ! […]

Des descriptions qui apitoient le lecteur

- Lexique : ....
....
....
....
- Figures de répétition : ....
....
....

L'expression de la plainte

- Lexique : ....
- Ponctuation : ....
....
....
....

Des images poignantes

- Métaphores : ....
....
....
- Antithèses : ....
....
....

2 Lisez le texte et répondez aux questions ci-dessous.

Émile Zola, *L'Assommoir* (1876)

Gervaise dura ainsi pendant des mois. Elle dégringolait plus bas encore, acceptait les dernières avanies, mourait un peu de faim tous les jours. Dès qu'elle possédait quatre sous, elle buvait et battait les murs. On la chargeait des sales commissions du quartier. Un soir, on avait parié qu'elle ne mangerait pas quelque chose de dégoûtant ; et elle l'avait mangé, pour gagner dix sous. M. Marescot s'était décidé à l'expulser de la chambre du sixième. Mais, comme on venait de trouver le père Bru mort dans son trou, sous l'escalier, le propriétaire avait bien voulu lui laisser cette niche. Maintenant, elle habitait la niche du père Bru. C'était là-dedans, sur de la vieille paille, qu'elle claquait du bec, le ventre vide et les os glacés. La terre ne voulait pas d'elle, apparemment. Elle devenait idiote, elle ne songeait seulement pas à se jeter du sixième sur le pavé de la cour, pour en finir.

a. Soulignez dans le texte les mots et les expressions qui se rapportent au champ lexical de la dégradation.

b. Quels éléments du texte peuvent, selon vous, apitoyer le lecteur ?

....
....
....

c. Comment comprenez-vous les deux dernières phrases ?

....
....
....
....
....

9 La tonalité tragique

Définition

- Montre des personnages aux prises avec un destin inéluctable, voués à la souffrance, voire à la mort.
- À la différence du pathétique, pas de doute sur le sort des personnages (notion de fatalité au cœur du tragique).

Exemples : dans *Le Cid* de Corneille, Rodrigue fait face un dilemme : perdre son amour ou son honneur. Dans *Antigone* d'Anouilh, le Prologue annonce à l'avance la mort de l'héroïne.

Effet

- Provoque la terreur et la pitié.

Exemple : dans *Médée* de Corneille, l'héroïne infanticide peut effrayer le spectateur, mais aussi l'apitoyer par son déchirement entre vengeance et amour maternel.

Procédés

- Lexique de la fatalité, du destin, de la malédiction.
- Dans la tragédie classique, registre de langue soutenu.
- Procédés de la tonalité pathétique : exclamations, questions rhétoriques, apostrophes, hyperboles, comparaisons et métaphores insistant sur la souffrance.

Exemple : « Malheureux instrument du malheur qui nous presse,/ Que j'ai pitié de toi, déplorable princesse !/ [...] Ton destin te trahit » (P. Corneille, *Médée*).

Exercices

1 Quelles caractéristiques du tragique sont présentes dans ces citations de Racine ? Cochez les cases qui conviennent.

a. **Phèdre.** – Objet infortuné des vengeances célestes,
Je m'abhorre encor plus que tu ne me détestes.

b. **Titus.** –
Ah, Rome ! Ah, Bérénice ! Ah, prince malheureux !
Pourquoi suis-je empereur ? Pourquoi suis-je amoureux ?

c. **Agamemnon.** –
De ma fille, en pleurant j'ordonnai le supplice.
Mais des bras d'une mère il fallait l'arracher.
Quel funeste artifice il me fallut chercher !

	a	b	c
1. Lexique de la souffrance, de la mort	☐	☐	☐
2. Lexique de la fatalité, de la malédiction	☐	☐	☐
3. Exclamations, apostrophes	☐	☐	☐
4. Hyperboles	☐	☐	☐

2 Lisez ce texte et répondez aux questions ci-contre.

Alfred de Musset, *Les Caprices de Marianne*, acte II, scène 6 (1833)

Octave vient de provoquer malgré lui la mort de son meilleur ami.

Octave. – Cœlio m'aurait vengé si j'étais mort pour lui comme il est mort pour moi. Ce tombeau m'appartient ; c'est moi qu'ils ont étendu sous cette froide pierre ; c'est pour moi qu'ils avaient aiguisé leurs épées ; c'est moi qu'ils ont tué. Adieu la gaieté de ma jeunesse ; l'insouciante folie, la vie libre et joyeuse au pied du Vésuve ! Adieu les bruyants repas, les causeries du soir, les sérénades sous les balcons dorés ! Adieu Naples et ses femmes, les mascarades à la lueur des torches, les longs soupers à l'ombre des forêts ! Adieu l'amour et l'amitié ! ma place est vide sur la terre.

a. Soulignez le champ lexical de la mort. Comment le personnage considère-t-il son existence ? Pourquoi ?

....

....

....

....

....

....

....

b. En quoi ce texte peut-il illustrer la tonalité tragique ? Répondez en vous appuyant sur la question **a**, mais aussi sur d'autres procédés.

....

....

....

....

....

c. Comment le passé est-il évoqué (l. 5-11) ? Quelle(s) autre(s) tonalité(s) peut-on trouver dans ce texte ?

....

....

....

....

....

....

....

La tonalité épique

10

Définition

- Dépeint des exploits guerriers ou des phénomènes extraordinaires.
- Des forces surhumaines (dieux, destin, éléments déchaînés, etc.) interviennent souvent dans le récit.

Exemple : *La Chanson de Roland.*

Effet

- Cherche à impressionner le lecteur.

Exemple : É. Zola, *Germinal.*

Procédés

- Lexique du combat.
- Antithèses qui opposent le héros et son adversaire.
- Procédés d'amplification : superlatifs, hyperboles, accumulations, etc.
- Comparaisons, métaphores, personnifications qui insistent sur le caractère surhumain, démesuré des personnages et de leurs gestes.

Exemples : pendant un combat entre deux chevaliers : « l'île et le rivage/ Tremblent sous ce fracas monstrueux et sauvage » (V. Hugo, *La Légende des siècles*).

Exercices

1 Observez les éléments surlignés dans l'extrait suivant et justifiez les grandes caractéristiques rattachant ce texte à la tonalité épique par un relevé précis (faits de langue, citations).

Homère, *Iliade* (VIIIe siècle av. J.-C.)

Achille affronte le dieu du fleuve Scamandre.

D'un seul élan, le fils de Pélée a franchi la distance qu'atteint le jet du javelot. On croirait voir voler l'aigle noir, bon chasseur, qui sur tous les oiseaux l'emporte par la force et la rapidité ; ainsi bondit le preux, cependant que l'airain terriblement résonne autour de sa poitrine. Il s'éloigne, voulant échapper au Scamandre, mais l'autre, de son flot, le suit à grand fracas.

Parfois l'on voit un homme, une bêche à la main, tracer une rigole, pour conduire à travers vignobles et jardins l'eau d'une source noire – il vide le canal de tout ce qui l'obstrue ; aussitôt l'eau s'avance en roulant les cailloux et dévale à grand bruit la pente du terrain ; elle a tôt dépassé celui qui la conduit : de même, à chaque instant, si rapide qu'il soit, Achille est rattrapé par le flot du Scamandre. Les dieux sur les humains l'emportent tellement !

- Des personnages surhumains

....

....

....

....

....

- Des comparaisons valorisantes

....

....

....

....

....

- Un tableau visuel et sonore

....

....

....

2 Ces passages relèvent-ils de la tonalité épique ?

1. Victor Hugo, « Expiation », *Les Châtiments* (1852)

Ce n'étaient plus des cœurs vivants, des gens de guerre ;
C'était un rêve errant dans la brume, un mystère,
Une procession d'ombres sous le ciel noir.
La solitude vaste, épouvantable à voir,
Partout apparaissait, muette vengeresse.
Le ciel faisait sans bruit avec la neige épaisse
Pour cette immense armée un immense linceul.

registre tragique

....

....

....

2. Romain Gary, *La Promesse de l'aube* (1960)

C'est ainsi que mon martyre commença. Au cours des jours qui suivirent, je mangeai pour Valentine plusieurs poignées de vers de terre, un grand nombre de papillons, un kilo de cerises avec les noyaux, une souris, et, pour finir, je peux dire qu'à neuf ans, c'est-à-dire bien plus jeune que Casanova, je pris place parmi les plus grands amants de tous les temps, en accomplissant une prouesse amoureuse que personne à ma connaissance, n'est jamais venu égaler. Je mangeai pour ma bien-aimée un soulier en caoutchouc.

registre comique, auto-dérision
quantitatif

....

....

11 La tonalité polémique

Définition

- Attaque ou défend avec force une personne, un groupe, une institution, une idée, une thèse.

Exemple : O. de Gouges, *Déclaration des droits de la femme et de la citoyenne*.

Effet

- Provoque l'indignation.

Exemple : V. Hugo, *Les Châtiments*.

Procédés

- Lexique de la révolte, vocabulaire péjoratif.
- Phrases exclamatives et questions rhétoriques (qui n'appellent pas de réponse), apostrophes.
- Phrases rythmées, souvent par des anaphores.
- Antithèses.

Exemple : « Parce que vous êtes un grand seigneur, vous vous croyez un grand génie !... noblesse, fortune, un rang, des places, tout cela rend si fier ! Qu'avez-vous fait pour tant de biens ? vous vous êtes donné la peine de naître, et rien de plus » (Beaumarchais, *Le Mariage de Figaro*).

Exercices

1 Observez les éléments surlignés dans l'extrait suivant et justifiez les grandes caractéristiques rattachant ce texte à la tonalité polémique par un relevé précis (faits de langue, citations...).

Olympe de Gouges, *Réflexions sur les hommes nègres*[1] (1788)

Que produit le despotisme barbare des habitants des îles et des Indes ? Des révoltes de toute espèce, des carnages que la puissance des troupes ne fait qu'augmenter, des empoisonnements, et tout ce que l'homme peut faire quand une fois il est révolté. N'est-il pas atroce aux Européens, qui ont acquis par leur industrie[2] des habitations[3] considérables, de faire rouer de coups du matin au soir ces infortunés qui n'en cultiveraient pas moins leurs champs fertiles, s'ils avaient plus de liberté et de douceur ? Leur sort n'est-il pas des plus cruels, leurs travaux assez pénibles, sans qu'on exerce sur eux, pour la plus petite faute, les plus horribles châtiments ?

1. à l'époque d'Olympe de Gouges, le terme n'est pas considéré comme péjoratif. 2. travail. 3. plantations.

- Des mots forts pour dire la violence

....

....

....

....

....

....

- Des images saisissantes pour dénoncer l'injustice

....

....

....

....

....

....

2 Ces citations appartiennent-elles à la tonalité polémique, selon vous ? Justifiez votre réponse.

1. Victor Hugo, « Melancholia », *Les Contemplations* (1856)

[…] Ô servitude infâme imposée à l'enfant ! […]
Travail mauvais qui prend l'âge tendre en sa serre,
Qui produit la richesse en créant la misère,
Qui se sert d'un enfant ainsi que d'un outil ! […]

....

....

....

2. Alphonse de Lamartine, « Le Lac », *Méditations poétiques* (1820)

[…] Ô temps, suspends ton vol ! et vous, heures propices,
Suspendez votre cours !
Laissez-nous savourer les rapides délices
Des plus beaux de nos jours ! […]

....

....

....

3. Étienne de La Boétie, *Discours de la servitude volontaire* (posth., 1576)

Mais, ô bon Dieu ! que peut être cela ? comment dirons-nous que cela s'appelle ? quel malheur est celui-là ? quel vice, ou plutôt quel malheureux vice ? Voir un nombre infini de personnes non pas obéir, mais servir[1] ; non pas être gouvernés, mais tyrannisés ; n'ayant ni biens ni parents, femmes ni enfants, ni leur vie même qui soit à eux !

1. ici, être esclaves.

....

....

....

La tonalité fantastique 12

Définition

- Montre l'irruption du surnaturel dans un univers réaliste.
- Provoque l'hésitation entre une interprétation rationnelle et surnaturelle des faits.

Exemples : G. de Maupassant, *Le Horla*.

Effet

- Suscite le doute et parfois la peur.

Exemples : P. Mérimée, *La Vénus d'Ille*.

Procédés

- Effets de réel pour permettre l'interprétation rationnelle et rendre plus crédible : précision des détails, recherche d'authenticité.
- Lexique de l'étrange pour permettre l'interprétation irrationnelle.
- Marques du doute : lexique du trouble, modalisateurs (« il semblait », « je croyais », etc.) ; souvent récit à la 1re personne et focalisation interne.

Exemples : « Il me sembla que je voyais la main, l'horrible main, courir comme un scorpion ou comme une araignée le long de mes rideaux et de mes murs » (G. de Maupassant, « La main »).

Exercices

1 Observez les éléments surlignés dans l'extrait suivant et justifiez les grandes caractéristiques rattachant ce texte à la tonalité fantastique par un relevé précis (faits de langue, citations...).

Alexandre Dumas, *La Dame pâle* (1849)

Alors une étrange sensation s'empara de moi. C'était une terreur frissonnante qui courait par tout mon corps, et le glaçait ; puis, avec cette terreur, quelque chose comme un sommeil invincible qui alourdissait mes sens ; ma poitrine s'oppressa, mes yeux se voilèrent. J'étendis les bras, et j'allai à reculons tomber sur mon lit.
Cependant mes sens n'avaient pas tellement disparu que je ne pusse entendre comme un pas qui s'approchait de ma porte ; puis il me sembla que ma porte s'ouvrait ; puis je ne vis et n'entendis plus rien.
Seulement je sentis une vive douleur au cou.
Après quoi je tombai dans une léthargie complète.
À minuit je me réveillai, ma lampe brûlait encore ; je voulus me lever, mais j'étais si faible, qu'il me fallut m'y reprendre à deux fois. Cependant je vainquis cette faiblesse, et comme, éveillée, j'éprouvais au cou la même douleur que j'avais éprouvée dans mon sommeil, je me traînai, en m'appuyant contre la muraille, jusqu'à la glace et je regardai.
Quelque chose de pareil à une piqûre d'épingle, marquait l'artère de mon col.
Je pensai que quelque insecte m'avait mordu pendant mon sommeil, et, comme j'étais écrasée de fatigue, je me couchai et je m'endormis.

- Un personnage en proie au doute et à la peur

sensations physiques de la peur.

- Des phénomènes étranges

- Une tentative d'explication rationnelle

2 Lisez le texte et répondez aux questions ci-dessous.

Théophile Gautier, *Avatar* (1856)

Personne ne pouvait rien comprendre à la maladie qui minait lentement Octave de Saville. Il ne gardait pas le lit et menait son train de vie ordinaire ; jamais une plainte ne sortait de ses lèvres, et cependant il dépérissait à vue d'œil. Interrogé par les médecins que le forçait à consulter la sollicitude de ses parents et de ses amis, il n'accusait aucune souffrance précise, et la science ne découvrait en lui nul symptôme alarmant : sa poitrine auscultée rendait un son favorable, et à peine si l'oreille appliquée sur son cœur y surprenait quelque battement trop lent ou trop précipité ; il ne toussait pas, n'avait pas la fièvre, mais la vie se retirait de lui et fuyait par une de ces fentes invisibles dont l'homme est plein, au dire de Térence[1].

1. dramaturge latin (IIe siècle av. J.-C.).

a. Soulignez les propositions qui expriment l'opposition.

b. Surlignez les différentes négations.

c. Comment ces oppositions et ces négations renforcent-elles la tonalité fantastique ?

13 Le merveilleux

Définition

- Dépeint un univers surnaturel sans le remettre en question (pas de doute du lecteur).
- Employé principalement dans les contes de fées, mais aussi dans les contes philosophiques, des poèmes, récits, utopies…

Exemples : Charles Perrault, *Contes* ; Voltaire, *Zadig ou la Destinée*.

Effets

- Crée l'émerveillement, la rêverie.
- Transporte le lecteur dans un autre monde.

Exemples : Marie de France, *Lais*.

Procédés

- Lexique de la magie, du surnaturel, du rêve.
- Emploi de vocabulaire mélioratif, de superlatifs.
- Personnages archétypiques (magiciens, animaux doués de parole…).
- Opposition entre des héros valorisés et des adversaires dépréciés.

Exemples : dans *La Belle et la Bête* de Mme Leprince de Beaumont, la Belle, aimable et sensible, s'oppose à ses méchantes sœurs et rencontre une fée.

Exercices

1 Observez les éléments surlignés dans l'extrait suivant et justifiez les grandes caractéristiques rattachant ce texte à la tonalité par un relevé précis (faits de langue, citations…).

Charles Perrault, « La Belle au bois dormant », *Contes* (1697)

Cependant les Fées commencèrent à faire leurs dons à la Princesse. La plus jeune lui donna pour don qu'elle serait la plus belle personne du monde, celle d'après qu'elle aurait de l'esprit comme un Ange, la troisième qu'elle aurait une grâce admirable à tout ce qu'elle ferait, la quatrième qu'elle danserait parfaitement bien, la cinquième qu'elle chanterait comme un Rossignol, et la sixième qu'elle jouerait de toutes sortes d'instruments dans la dernière perfection. Le rang de la vieille Fée étant venu, elle dit, en branlant la tête encore plus de dépit que de vieillesse, que la Princesse se percerait la main d'un fuseau, et qu'elle en mourrait.

- Des personnages archétypiques

……………………………………………………

……………………………………………………

……………………………………………………

- Des personnages opposés

……………………………………………………

……………………………………………………

……………………………………………………

……………………………………………………

……………………………………………………

……………………………………………………

……………………………………………………

- La présence du surnaturel

• Présence de la magie : ……………………………………

……………………………………………………

……………………………………………………

……………………………………………………

• Lexique mélioratif : ……………………………………

……………………………………………………

……………………………………………………

……………………………………………………

……………………………………………………

……………………………………………………

2 **a.** Soulignez les expressions qui montrent le gigantisme du lieu, sa supériorité et sa richesse.

Voltaire, *Candide ou l'Optimisme* (1759)

En attendant, on leur fit voir la ville, les édifices publics élevés jusqu'aux nues, les marchés ornés de mille colonnes, les fontaines d'eau pure, les fontaines d'eau rose, celles de liqueurs de canne de sucre qui coulaient continuellement dans de grandes places pavées d'une espèce de pierreries qui répandaient une odeur semblable à celle du gérofle[1] et de la cannelle. Candide demanda à voir la cour de justice, le parlement ; on lui dit qu'il n'y en avait point.

1. clous de girofle, épice.

b. Quel intérêt présente l'emploi du merveilleux dans cet extrait de conte philosophique ?

……………………………………………………

……………………………………………………

……………………………………………………

……………………………………………………

……………………………………………………

……………………………………………………

……………………………………………………

……………………………………………………

……………………………………………………

L'ironie

14

Définition

- Naît d'un décalage entre ce qui est dit et ce qui est pensé.
- Est destinée à se moquer de quelqu'un, d'un groupe, d'une institution, d'une thèse, etc.
- Crée une connivence avec le lecteur.

Exemple : Montesquieu, *Lettres persanes*.

Effet

- Suscite la moquerie, le rire.

Exemple : Voltaire, *Candide* (personnage de Pangloss).

Procédés

- Antiphrases : dire le contraire de ce que l'on pense.
- Antithèses, oxymores.
- Figures d'atténuation (euphémismes), figures d'amplification (hyperboles).

Exemples : le héros de *Ruy Blas* dit à des ministres corrompus : « Bon appétit, messieurs ! / Ô ministres intègres ! Conseillers vertueux ! » (V. Hugo).

Exercices

1 Lisez le texte et répondez aux questions ci-dessous.

Voltaire, *Dictionnaire philosophique portatif,* article « Tout est bien » (1764)

Voltaire présente la philosophie de Leibniz (écrit ici Leibnitz).

Leibnitz qui était assurément meilleur géomètre que [Platon], et plus profond métaphysicien, rendit donc le service au genre humain de lui faire voir que nous devons être très contents, et que Dieu ne pouvait pas davantage pour nous : qu'il avait nécessairement choisi entre tous les partis possibles, le meilleur, sans contredit.

a. Soulignez les antiphrases.

b. Quels sont les autres indices de l'ironie ?

....

....

....

....

....

....

....

....

2 Lisez le texte et répondez aux questions ci-dessous.

Alphonse Daudet, *Tartarin de Tarascon* (1872)

Tartarin, chasseur sans gibier, rencontre un lion dans une ménagerie.

[Tartarin de Tarascon] vint se planter devant la cage du lion.

Terrible et solennelle entrevue ! le lion de Tarascon et le lion de l'Atlas en face l'un de l'autre…

D'un côté, Tartarin, debout, le jarret tendu, les deux bras appuyés sur son rifle[1], de l'autre, le lion, un lion gigantesque, vautré dans la paille, l'œil clignotant, l'air abruti, avec son énorme mufle à perruque jaune posé sur les pattes de devant… Tous deux calmes et se regardant.

1. fusil.

a. Encadrez l'expression désignant le protagoniste. En quoi est-elle ironique ?

....

....

....

....

....

b. L'expression soulignée est-elle ironique ? Justifiez votre réponse.

....

....

....

3 Lisez le texte et répondez aux questions ci-dessous.

Victor Hugo, « Splendeurs », *Les Châtiments* (1852)

Hugo dénonce le coup d'État de Napoléon III.

[…] Et vous, viveurs râpés[1], frais sortis de la geôle,
Saluez l'être unique et providentiel,
Ce gouvernant tombé d'une trappe du ciel
Ce César moustachu, gardé par cent guérites,
Qui sait apprécier les gens et les mérites. […]

1. débauchés à l'allure misérable.

a. Soulignez les expressions mélioratives qui désignent l'empereur.

b. Quel rôle les expansions du nom jouent-elles ?

....

....

....

....

....

....

15

VIIIe siècle av. J.-C. - Ve siècle

L'Antiquité

Histoire et culture

- **Une période très longue** : l'Antiquité gréco-romaine, de l'adoption de l'écriture phénicienne par les Grecs (VIIIe siècle av. J.-C.) à la fin de l'Empire romain (476 ap. J.-C.)
- **Deux civilisations fondatrices** : les **cités de Grèce**, notamment Athènes, première démocratie (langue : grec ancien), et **Rome**, de la République à l'Empire (langue : latin)
- **La naissance de la littérature occidentale** : apparition successive de l'épopée, du lyrisme, du théâtre, de la littérature en prose (philosophie, éloquence, histoire)

Héphaïstos remet à Thétis les armes d'Achille, 190-480 av. J.-C., médaillon d'une kylix (coupe), Altes Museum, Berlin (Allemagne).

Idées, thèmes et genres

Les genres narratifs

- épopée (récit en vers) : célébration des valeurs de l'aristocratie antique à travers les héros de Troie ; ex. : Homère, *Iliade* (VIIIe s. av. J.-C.), Virgile, *Énéide* (Ier s. av. J.-C.) ; passage des temps mythiques aux temps historiques ; ex. : Ovide, *Les Métamorphoses* (Ier s.)
- roman (récit fictif en prose) : amour et aventure (Grèce) ; parodie (Rome) ; ex. : Longus, *Daphnis et Chloé* (IIe s.)
- historiographie : écrire l'histoire de la cité ; ex. : Hérodote, *Histoire* (Ve s. av. J.-C.), Suétone, *Vie des douze Césars* (Ier s.)
- autobiographie ; ex. : Augustin d'Hippone, *Les Confessions* (IVe s.)
- fable ; ex. : Ésope, *Fables* (VIe s. av. J.-C.), Phèdre, *Fables* (Ier s.)

Virgile, *Énéide* (Ier siècle av. J.-C.)

> « Je chante les armes et le héros qui, le premier, des rives de Troie, vint, banni par le destin, en Italie et aux côtes de Lavinium »

Les genres de l'argumentation

- rhétorique : genres délibératif (opportun/inopportun), judiciaire (accusation/défense), épidictique (éloge et blâme) ; ex. : Cicéron, *Catilinaires* (Ier s. av. J.-C.)
- philosophie : recherche du savoir rationnel, du bonheur ; ex. : Platon, *Le Banquet* (IVe s. av. J.-C.), Sénèque, *De la colère* (Ier s.)
- poésie didactique : dispenser un enseignement ; ex. : Lucrèce, *De la nature* (Ier s. av. J.-C.)

Les genres dramatiques

- tragédie grecque, politique et religieuse : mise en scène de mythes pour exalter la démocratie ; ex. : Sophocle, *Antigone* (Ve s. av. J.-C.)
- tragédie romaine, morale : dénoncer les passions ; ex. : Sénèque, *Phèdre* (Ier s.)
- comédie : satire politique sur l'actualité de la cité ; ex. : Aristophane, *Lysistrata* (Ve s. av. J.-C.) ; ou peinture de la vie privée ; ex. : Plaute, *Amphitryon* (IIe s. av. J.-C.)

Les genres de la poésie personnelle

- ode, élégie (expression des sentiments), satire (peinture critique de la société) ; ex. : Sappho, *Odes* (VIIe-VIe s. av. J.-C.), Tibulle, *Élégies* (Ier s. av. J.-C.), Horace, *Satires* (Ier s. av. J.-C.)
- poème mythologique : raconter la genèse du monde : Hésiode, *La Théogonie* (VIIIe s. av. J.-C.)

Sappho, *Odes* (VIIe-VIe s. av. J.-C.)

> « Éros a ébranlé mon âme comme le vent dans la montagne quand il s'abat sur les chênes »

Carnet de lecture

Œuvre(s)/texte(s) antiques(s) lu(e)s :

....

....

....

Ce que j'ai retenu :

....

....

....

Phrases qui ont retenu mon attention :

....

....

....

Ce que j'ai aimé / Ce que je n'ai pas aimé :

....

....

....

Le Moyen Âge

16

Histoire et culture

- **Une période** qui débute avec l'usage du français en littérature (XIe siècle)
- **Des idéaux** : la figure du chevalier et l'amour courtois
- **Des buts** : exalter les valeurs chevaleresques et féodales, chanter la *fin'amor*

Scène galante, miniature du *Roman de Lancelot du Lac* (détail), XIVe siècle, bibliothèque nationale de Turin (Italie).

Idées, thèmes et genres

La dimension épique

- chansons de geste (du latin *gesta*, « exploits ») puis romans de chevalerie
- récits, d'abord en vers puis en prose, qui mêlent histoire, légende et merveilleux
- éloge du chevalier et de ses vertus héroïques

La Chanson de Roland (fin du XIe siècle)
Chrétien de Troyes, *Perceval ou le Conte du graal* (XIIe siècle)

Le raffinement de l'amour courtois

- œuvres lyriques de poètes musiciens (troubadours et trouvères), mais aussi romanesques
- amour codifié réservé à l'élite de la société
- idéal de courtoisie : élégance morale, conduite raffinée, soumission de l'amant à sa dame…

Le Roman de Tristan, **versions de Béroul, puis de Thomas** (XIIe siècle)
Marie de France, *Lais* (XIIe siècle)
Chrétien de Troyes, *Lancelot ou le Chevalier à la charrette* (XIIe siècle)
Guillaume de Lorris, *Le Roman de la rose* (XIIIe siècle)

> **« Celui qui veut faire d'Amour son maître**
> **doit être courtois et sans orgueil ;**
> **qu'il soit toujours élégant et gai,**
> **et réputé pour sa largesse. »**

Christine de Pizan, *Cent ballades d'amant et de dame* (1402-1410)

La littérature satirique

- fabliaux qui raillent les défauts humains
- parodie des codes aristocratiques, de la justice ; dénonciation des travers de la société
- satire amusée plus que critique : volonté de faire rire

Le Roman de Renart (vers 1180)
Aucassin et Nicolette (XIIIe siècle)

L'essor du théâtre

- inspiration d'abord religieuse : miracles et mystères
- développement du théâtre comique avec la farce et la sotie (pièce carnavalesque et satirique)
- pratiqué dans des foires pour un public populaire

Adam de la Halle, *Le Jeu de Robin et Marion* (XIIIe siècle)
La Farce de maître Pathelin (XVe siècle)
La Farce du Cuvier (XVe siècle)

Carnet de lecture

Œuvre(s)/texte(s) du Moyen Âge lu(e)s :

....
....
....

Ce que j'ai retenu :

....
....
....

Phrases qui ont retenu mon attention :

....
....
....

Ce que j'ai aimé / Ce que je n'ai pas aimé :

....
....
....

17

XVIe siècle

L'Humanisme

Vittore Carpaccio, *La Vision de saint Augustin* (détail), vers 1502, Chiesa di San Giorgio degli Schiavoni, Venise (Italie).

Origines du mouvement

- **Naissance** : en Italie, au XVe siècle
- **Des événements fondateurs** : l'invention de l'imprimerie (1450), les Grandes Découvertes
- **Extension à toute l'Europe** par les livres, les lettres et les voyages
- **Un principe** : l'homme au cœur des réflexions
- **Un but** : développer les savoirs et la raison en exerçant son esprit critique

Idées, thèmes et genres

La confiance en l'homme

- revalorisation de l'humain (contrairement au Moyen Âge où primait la religion)
- redécouverte de philosophies antiques qui mettent en avant l'homme et son corps
- croyance en la perfectibilité de l'homme
- découverte de nouveaux continents et ouverture à l'autre

Jean de Léry, *Histoire d'un voyage fait en la terre de Brésil* (1578)

Michel de Montaigne, *Essais* (1580-1595)

> « Chaque homme porte en lui la forme entière de l'humaine condition. »

La quête d'une société idéale

- recherche de l'équilibre et de la mesure
- affirmation de la liberté de l'homme
- développement conjoint du corps et de l'esprit par l'éducation
- idéal de justice et de paix, réflexions sur le pouvoir

Thomas More, *L'Utopie* (1516)

François Rabelais, *Gargantua* (1534)

> « Et leur règle n'était que cette clause : fais ce que voudras. »

Étienne de La Boétie, *Discours de la servitude volontaire* (1576)

L'importance du savoir

- retour aux textes bibliques et antiques dans leur langue d'origine, hors des commentaires
- rédaction de dictionnaires et de grammaires
- découvertes en astronomie (Copernic)
- réflexions sur l'éducation et réformes de l'enseignement

Érasme, *De l'éducation des enfants* (1529)

François Rabelais, *Pantagruel* (1532)

> « Science sans conscience n'est que ruine de l'âme. »

De nouveaux genres

- le roman rabelaisien, fiction (des aventures de géants) à la fois satirique et argumentative
- la nouvelle : histoire fictive brève ; ensemble de nouvelles racontées et commentées par des personnages, reflétant la diversité des points de vue
- l'essai : anecdotes et opinions personnelles élargies à une réflexion générale sur l'homme, nourries de citations antiques

Marguerite de Navarre, *L'Heptaméron* (1559) : 72 nouvelles

Carnet de lecture

Œuvre(s)/texte(s) humaniste(s) lu(e)s :

....

....

....

Ce que j'ai retenu :

....

....

....

Phrases qui ont retenu mon attention :

....

....

....

Ce que j'ai aimé / Ce que je n'ai pas aimé :

....

....

....

La Pléiade

Sandro Botticelli, *La Naissance de Vénus* (détail), 1483-1485, galerie des Offices, Florence (Italie).

Origines du mouvement

- Un **groupe de poètes** réunis autour de Ronsard et Du Bellay, **redécouvrant l'Antiquité gréco-romaine** auprès des hellénistes Dorat et Amyot
- **Une image** : une constellation de sept poètes, comme les Pléiades (constellation de sept étoiles)
- **Des principes** : l'imitation des poètes grecs, romains et italiens, la recréation artistique
- **Des buts** : créer une poésie nouvelle à partir des modèles antiques et italiens, défendre et enrichir la langue française

Idées, thèmes et genres

L'inspiration antique

- rejet de la poésie du Moyen Âge
- imitation d'auteurs grecs et latins : Homère, Virgile, Pindare, Horace…
- imitation de formes variées comme l'ode ou l'hymne antiques
- métaphore de l'inspiration pour exprimer l'amour de la poésie et l'espoir d'accéder à la postérité

Pierre de Ronsard, *Odes* (1550-1552)
Joachim du Bellay, « Las, où est maintenant ce mépris de Fortune ?… » (1558)

Le renouvellement du lyrisme amoureux

- célébration de la femme idéalisée
- adoption de formes italiennes (sonnet), dans une recherche de l'harmonie par le rythme du vers : généralisation de l'alexandrin
- ornementation par la variété des images, métaphores et allégories, parfois jusqu'à l'obscurité

Joachim du Bellay, *L'Olive* (1549-1550)
Pierre de Ronsard, *Les Amours de Cassandre* (1552)

Le *carpe diem* : profiter de l'instant présent

- reprise d'un thème antique et d'une formule hérités du poète Horace
- leçon pour se prémunir de la nostalgie et des regrets
- invitation à une philosophie du bien-vivre

Pierre de Ronsard, « Mignonne, allons voir si la rose… », *Odes* (1550-1552)

> « Cueillez, cueillez votre jeunesse :
> Comme à cette fleur la vieillesse
> Fera ternir votre beauté. »

Joachim du Bellay, *Les Regrets* (1558)

La défense de la langue française

- un manifeste poétique : *Défense et illustration de la langue française* (Du Bellay)
- le choix d'écrire des œuvres littéraires en français (et non en latin)
- projet d'écrire l'épopée de la France, comme Virgile a écrit l'*Énéide* pour Rome
- écriture savante servie par l'inspiration et un travail inlassable
- enrichissement du lexique : emprunts au latin et au grec, à d'autres langues, formation de nouveaux mots

Joachim du Bellay, *La Défense et illustration de la langue française* (1549)

> « Sonne-moi ces beaux sonnets, non moins docte
> que plaisante invention italienne, conforme de nom
> à l'ode et différente d'elle »

Pierre de Ronsard, *La Franciade* (1572)

Carnet de lecture

Œuvre(s)/texte(s) de la Pléiade lu(e)s :

……………………………………………

Ce que j'ai retenu :

……………………………………………

Phrases qui ont retenu mon attention :

……………………………………………

Ce que j'ai aimé / Ce que je n'ai pas aimé :

……………………………………………

Repérer et analyser les principes du mouvement

1 Une réflexion sur l'homme

Michel de Montaigne, *Essais,* « Du repentir » (1580)

Les Essais, *seule œuvre de Montaigne, peignent la personnalité de l'auteur dans une suite de réflexions et d'anecdotes. Il justifie ici son projet.*

Les autres forment l'homme ; je le récite et en représente un particulier bien mal formé, et lequel, si j'avais à façonner de nouveau, je ferais vraiment bien autre qu'il n'est. [...] Je propose une vie basse et sans lustre, c'est tout un. On attache aussi bien toute la philosophie morale à une vie populaire et privée qu'à une vie de plus riche étoffe : chaque homme porte en lui la forme entière de l'humaine condition.

Orthographe modernisée par les auteurs.

a. Définissez le projet de Montaigne.

....

....

....

....

b. Quelle est la valeur du présent dans les verbes soulignés ? Commentez ces valeurs en les rapprochant du projet de Montaigne.

....

....

....

....

c. En quoi ce projet relève-t-il de l'idéal humaniste ?

....

....

....

....

2 La langue française

Joachim du Bellay, *La Défense et illustration de la langue française* (1549)

Ainsi puis-je dire de notre langue, qui commence encore à fleurir, sans fructifier : ou plutôt, comme une plante et vergette[1], n'a point encore fleuri, tant se faut qu'elle ait apporté[2] tout le fruit, qu'elle pourrait bien produire. Cela certainement non pour le défaut de la nature d'elle aussi apte à engendrer, que les autres : mais pour la coupe[3] de ceux, qui l'ont eue en garde, et ne l'ont cultivée à suffisance : ainsi comme une plante sauvage, en celui même désert, où elle avait commencé à naître, sans jamais l'arroser, la tailler, ni défendre des ronces et épines, qui lui faisaient ombre, l'ont laissée envieillir et quasi mourir.

Orthographe modernisée par les auteurs.

1. petite branche. 2. tant elle est loin d'avoir apporté.
3. par la faute.

a. Quelle métaphore filée l'auteur emploie-t-il pour montrer l'état de la langue française ?

....

....

....

....

....

....

....

b. Soulignez la raison invoquée par Du Bellay pour expliquer cet état. Quel but de la Pléiade est ici suggéré ?

....

....

....

....

Analyser les caractéristiques d'écriture des genres

3 Le roman rabelaisien

François Rabelais, *Pantagruel* (1532)

Le narrateur, qui veut s'abriter d'une averse sous la langue de Pantagruel, entre par mégarde dans sa bouche.

Je cheminai bien deux lieues sur sa langue, si bien que j'entrai en sa bouche. Mais, ô dieux et déesses, que vis-je là ? Que Jupiter me terrasse de son triple foudre, si je mens à ce sujet. J'y cheminais comme l'on fait dans l'église Sainte-Sophie à Constantinople, et j'y vis des grands rochers, comme les montagnes des Danois, je crois que c'était ses dents, et de grands prés, de grandes forêts, de fortes et grosses villes, pas moins grandes que Lyon ou Poitiers.

Orthographe modernisée par les auteurs.

a. Soulignez les expressions qui montrent le gigantisme de Pantagruel.

b. En quoi cet extrait se présente-t-il comme une parodie des récits de voyage ?

....

....

....

....

....

....

....

....

....

....

....

....

4 L'essai

Michel de Montaigne, *Essais*, « Du jeune Caton » (1580)

Je n'ai point cette erreur commune, de juger d'un autre selon que je suis. J'en crois aisément des choses diverses à moi. Pour me sentir engagé à une forme, je n'y oblige pas le monde, comme chacun fait, et crois et conçois mille contraires façons de vie ; et au rebours du commun, reçois plus facilement la différence, que la ressemblance en nous.

Mise en français moderne de Pierre Michel, © Éditions Gallimard.

a. Pourquoi peut-on dire que Montaigne développe ici une argumentation directe ?

....

....

....

b. Soulignez les expressions qui montrent la singularité de Montaigne. Comment se distingue-t-il des autres ?

....

....

....

c. Quelles idées sont ici implicitement défendues par l'auteur ?

....

....

....

....

....

Repérer et analyser des figures de style

5 Le rythme des vers

Pierre de Ronsard, « Je n'ai plus que les os... », *Derniers vers* (1586)

Je n'ai plus que les os, un squelette je semble
Décharné, dénervé, démusclé, dépulpé
Que le trait de la Mort sans pardon a frappé ;
Je n'ose voir mes bras que de peur je ne tremble. [...]

© Éditions Gallimard.

a. Quels mots constituent des créations lexicales ? Expliquez leur formation.

....

....

....

....

....

b. Comparez le vers 2 aux autres vers. Que remarquez-vous sur le rythme et les sonorités ?

....

....

....

....

....

....

....

....

Confronter une œuvre à son contexte

6 Les grandes découvertes

Michel de Montaigne, *Essais*, « Des cannibales » (1580)

J'ai eu longtemps avec moi un homme qui avait demeuré dix ou douze ans en cet autre monde qui a été découvert en notre siècle, en l'endroit où Villegagnon prit terre, qu'il surnomma la France antarctique[1]. Cette découverte d'un pays infini semble être de grande considération. Je ne sais si je me puis répondre qu'il ne s'en fasse à l'avenir quelque autre, tant de personnages plus grands que nous ayant été trompés en celle-ci. J'ai peur que nous ayons les yeux plus grands que le ventre, et plus de curiosité que nous n'avons de capacité : nous embrassons tout, mais nous n'étreignons que du vent.

1. il s'agit du Brésil.

Trad. J. Vassevière, © Éditions Larousse.

a. Après avoir identifié les temps des verbes soulignés, précisez leur valeur.

1. ai eu : Temps : ....
Valeur : ....

2. sais : Temps : ....
Valeur : ....

3. embrassons : Temps : ....
Valeur : ....

b. Quel mouvement suit l'argumentation de Montaigne ?

....

....

....

....

c. Quel jugement l'auteur porte-t-il sur la découverte du Brésil ?

....

....

....

....

....

....

....

....

....

....

....

19

XVIIe siècle

Le Baroque

Origines du mouvement

- **Un mouvement européen** qui naît dans un monde bouleversé par les guerres de Religion, et qui traverse tous les arts du XVIIe au XVIIIe siècle (musique, peinture, sculpture...)
- **Un contexte religieux et politique en mutation**, avec la Contre-Réforme catholique en réponse à la Réforme protestante (XVIe siècle), et l'avènement de la monarchie absolue
- **Une image** : la perle de forme irrégulière, *barroco* en portugais (origine du mot « baroque »), symbole d'inattendu et d'exubérance des formes
- **Des principes** : le goût de l'ostentatoire, du faste et de la démesure ; les représentations de l'instabilité du monde
- **Des buts** : libérer l'imagination et les émotions, ouvrir à la méditation sur le caractère éphémère de la vie, raviver la foi chrétienne et célébrer le pouvoir absolu

Le Bernin, *Apollon et Daphné*, 1622-1625, galerie Borghèse, Rome (Italie).

Idées, thèmes et genres

L'inconstance du monde

- retour aux mythes contant des métamorphoses
- rêverie sur le mouvant, l'évanescent
- tableaux de l'inconstance amoureuse
- représentation du mouvement, de l'instabilité des éléments

Théophile de Viau, *Les Amours tragiques de Pyrame et Thisbé* (1623)
Pierre de Marbeuf, « À Philis », *Recueil de vers* (1628)

Le spectacle de la mort

- obsession de la mort qui menace à tout moment
- rappel de la condition humaine au travers des « vanités »
- représentations réalistes de la mort pour mieux la conjurer

J.-B. Chassignet, « Un corps mangé de vers » (1594)
Théodore Agrippa d'Aubigné, *Les Tragiques* (1616)

Le théâtre du monde

- jeux entre réel et imaginaire : illusion, rêve, hallucination
- conscience de vivre un mirage : « La vie est un songe »
- triomphe de la théâtralité, du théâtre dans le théâtre, mises en abyme
- images cachées que le mouvement doit dévoiler : anamorphoses et allégories

William Shakespeare, *Le Songe d'une nuit d'été* (1595), *Comme il vous plaira* (1623)

> « Le monde entier est un théâtre, et tous, hommes et femmes, n'en sont que les acteurs »

Pierre Corneille, *L'Illusion comique* (1634)
Pedro Calderón de la Barca, *La vie est un songe* (1635)

Les formes littéraires du baroque

- théâtre : mélange des genres et goût du spectaculaire jusqu'à la démesure, l'excès
- roman pastoral : multiples intrigues amoureuses dans une nature changeante
- poésie imagée et virtuose pour dire la fugacité et l'instabilité des sentiments
- œuvres épiques, visionnaires et hallucinées

Jean de Sponde, *Essai de quelques poèmes chrétiens* (1588)
Honoré d'Urfé, *L'Astrée* (1607-1627)

Carnet de lecture

Œuvre(s)/texte(s) baroque(s) lu(e)s :

....
....
....

Ce que j'ai retenu :

....
....
....

Phrases qui ont retenu mon attention :

....
....
....

Ce que j'ai aimé / Ce que je n'ai pas aimé :

....
....
....

La Préciosité

Origines du mouvement

- **Un courant aristocratique et féminin** qui donne naissance à des salons, dans lesquels des femmes de la noblesse reçoivent intellectuels et artistes
- **Une image** : la « Carte du Tendre », une analyse des sentiments précise et raffinée
- **Un principe** : en réaction aux mœurs grossières de la cour d'Henri IV, instaurer des relations raffinées et galantes entre les femmes et les hommes dans un langage renouvelé et épuré
- **Des buts** : redéfinir les codes des relations amoureuses et amicales, cultiver l'art de la conversation mondaine, s'exercer à des jeux littéraires

Peter Lely, *Deux femmes de la famille Lake* (détail), vers 1660, Tate Museum, Londres (Royaume-Uni).

Idées, thèmes et genres

Les salons, lieux de création littéraire

- débats sur des dilemmes amoureux, qui nourrissent la création romanesque
- lecture de lettres privées, admirées pour leur style
- jeux poétiques (madrigaux, portraits...) qui exaltent la délicatesse des sentiments

Vincent Voiture, « Métamorphose de Julie en Diamant » (1647)
Mme de de Sévigné, *Lettres* (1635-1696)

Une revendication : l'éducation des femmes

- défense des droits des femmes à l'éducation
- volonté d'accéder au monde du savoir, des idées et de la réflexion
- refus du mariage imposé
- désir d'autonomie sociale, intellectuelle et sentimentale
- revendications moquées par les auteurs de leur temps (Somaize, Molière)

Marie de Gournay, *Le Grief des femmes* (1626)
Molière, *Les Femmes savantes* (1672)

L'éloge des sentiments distingués et idéalisés

- réinvention des codes de l'amour courtois
- rôle prééminent des femmes, qui deviennent les arbitres du goût dans leurs salons
- art de la galanterie dans la poésie, romans-fleuves (héroïques, pastoraux) développant des histoires d'amour complexes et raffinées

Vincent Voiture, « Sonnet d'Uranie » (1638)
Madeleine de Scudéry, *Clélie* (1654)

Une langue épurée et renouvelée

- grand souci de précision dans l'analyse psychologique
- volonté de pureté d'un vocabulaire débarrassé de mots bas, de sonorités considérées comme vulgaires
- élégance du langage, métaphores et périphrases qui mènent parfois à un style trop sophistiqué
- création de mots nouveaux, prolifération des adverbes et des adjectifs devenant des noms (« le tendre », « le beau »)

Vincent Voiture, « La Belle Matineuse » (1635)
Gilles Ménage, *Menagiana* (posth., 1693)

Carnet de lecture

Œuvre(s)/texte(s) précieux lu(e)s :

....

....

....

Ce que j'ai retenu :

....

....

....

Phrases qui ont retenu mon attention :

....

....

....

Ce que j'ai aimé / Ce que je n'ai pas aimé :

....

....

....

21

XVIIe siècle

Le Classicisme

Origines du mouvement

- **Un mouvement** lié à un pouvoir politique fort : la monarchie absolue de Louis XIV
- **Un idéal** : l'ordre et la mesure
- **Un principe** : respecter des règles strictes fondées sur la raison
- **Des buts** : chercher l'harmonie et le naturel, rejeter les excès baroques, imiter les Anciens érigés en modèles

Atelier d'Eustache Le Sueur, *Les Muses Melpomène, Érato et Polhymnie* (détail), 1655, musée du Louvre, Paris.

Idées, thèmes et genres

Plaire et instruire

- susciter des émotions et réjouir le public
- corriger les défauts des hommes : vocation morale de l'œuvre littéraire
- proposer un idéal de l'« honnête homme », intégré à la société, sans excès

François de La Rochefoucauld, *Maximes* (1664)
Jean de La Fontaine, « Le Pouvoir des fables », *Fables* (1668)

> « Le monde est vieux, dit-on : je le crois ; cependant
> Il le faut amuser encor comme un enfant. »

Une codification rigoureuse

- primauté de la clarté et de la vraisemblance
- séparation et hiérarchisation des genres (épopée, tragédie : nobles ; comédie, roman : mineurs)
- théâtre régi par des règles strictes (unités de lieu, temps, action)
- respect des bienséances
- recherche de principes de beauté éternels, atteints par les Anciens

Pierre Corneille, *Horace* (1640)
Jean Racine, *Andromaque* (1667)
Molière, *Le Tartuffe* (1669)
Nicolas Boileau, *Art poétique* (1674)

Le goût de la mesure

- condamnation des passions au profit de la modération
- recherche d'équilibre et d'harmonie
- expression claire et épurée
- figures d'atténuation : allusions, litotes (ex. : « je ne te hais point », P. Corneille, *Le Cid*)

Jacques-Bénigne Bossuet, *Sermons* (1627)
Jean Racine, préface de *Phèdre* (1677)

> « Les passions n'y sont présentées aux yeux que pour montrer tout le désordre dont elles sont cause »

Des genres à visée didactique

- roman « psychologique »
- fables à visée morale
- fonction cathartique de la tragédie
- comédie à dimension satirique
- genres argumentatifs brefs (maximes...)

Molière, *Le Bourgeois gentilhomme* (1670)
Jean Racine, *Britannicus* (1669)
Mme de Lafayette, *La Princesse de Clèves* (1678)
Jean de La Bruyère, *Les Caractères* (1688)

Carnet de lecture

Œuvre(s)/texte(s) classique(s) lu(e)s :

....
....
....

Ce que j'ai retenu :

....
....
....

Phrases qui ont retenu mon attention :

....
....
....

Ce que j'ai aimé / Ce que je n'ai pas aimé :

....
....
....

Exercices

▸ 19. Le Baroque
▸ 20. La Préciosité
▸ 21. Le Classicisme

Repérer et analyser les principes du mouvement

1 Le baroque : mouvement et illusion

Théophile de Viau, « Élégie à une dame », *Œuvres poétiques* (1621)

Je veux faire des vers qui ne soient pas contraints,
Promener mon esprit par de petits desseins,
Chercher des lieux secrets où rien ne me déplaise,
Méditer à loisir, rêver tout à mon aise,
Employer toute une heure à me mirer dans l'eau,
Ouïr comme en songeant la course d'un ruisseau,
Écrire dans les bois, m'interrompre, me taire,
Composer un quatrain, sans songer à le faire.

a. En observant les éléments soulignés, dites quelles sont les caractéristiques d'un art poétique baroque, selon Théophile de Viau.

b. Quel est le thème commun aux vers 5 et 6 ? À quelle figure mythique renvoie le vers 5 ?

c. Quels autres thèmes propres au baroque trouve-t-on dans le vers 6 ? (voir p. 34)

2 Le classicisme, une écriture codifiée

Nicolas Boileau, *Art poétique* (1674)

[…] Mais nous, que la raison à ses règles engage,
Nous voulons qu'avec art l'action se ménage[1] ;
Qu'en un lieu, qu'en un jour, un seul fait accompli
Tienne jusqu'à la fin le théâtre rempli.
Jamais au spectateur n'offrez rien d'incroyable :
Le vrai peut quelquefois n'être pas vraisemblable.
Une merveille absurde est pour moi sans appas :
L'esprit n'est point ému de ce qu'il ne croit pas.
Ce qu'on ne doit point voir, qu'un récit nous l'expose :
Les yeux, en le voyant, saisiraient mieux la chose ;
Mais il est des objets que l'art judicieux
Doit offrir à l'oreille et reculer des yeux. […]

1. se développe

a. Surlignez, puis nommez les règles théâtrales auxquelles Boileau fait référence.

b. Soulignez les expressions qui rattachent ce texte au mouvement classique.

Analyser les caractéristiques d'écriture des genres

3 La virtuosité de l'écriture baroque

Pierre de Marbeuf, *Recueil de vers* (1628)

Et la mer et l'amour ont l'amer pour partage,
Et la mer est amère, et l'amour est amer,
L'on s'abîme en l'amour aussi bien qu'en la mer,
Car la mer et l'amour ne sont point sans orage. […]

a. Surlignez les allitérations et soulignez les assonances, v. 1-2. Quels mots sont étroitement liés par ces sonorités ?

b. Quelles autres métaphores qualifient l'amour aux vers 3-4 ? Quelle vision de l'amour donnent-elles ?

4 La visée didactique

1. François de La Rochefoucauld, *Maximes* (1678)

Ce qui paraît générosité n'est souvent qu'une ambition déguisée, qui méprise de petits intérêts, pour aller à de plus grands.

2. Mme de Sablé, *Maximes* (posth., 1678)

Si l'on avait autant de soin d'être ce qu'on doit être que de tromper les autres en déguisant ce que l'on est, on pourrait se montrer tel qu'on est, sans avoir la peine de déguiser.

3. Jean de La Fontaine, *Fables* (1668-1694)

Selon que vous serez puissant ou misérable,
Les jugements de cour vous rendront blanc ou noir.

a. Soulignez ce qui donne à ces maximes une portée générale. Faites la liste des procédés relevés.

b. Formulez à votre tour une morale valable pour notre siècle.

Repérer et analyser les figures de style

5 Les classiques et le goût de la mesure

Jean de La Bruyère, *Les Caractères, « De la société et de la conversation »* (1688)

J'entends Théodecte de l'antichambre ; il grossit sa voix à mesure qu'il s'approche ; le voilà entré : il rit, il crie, il éclate ; on bouche ses oreilles, c'est un tonnerre. Il n'est pas moins redoutable par les choses qu'il dit que par le ton dont il parle. Il ne s'apaise, et il ne revient de ce grand fracas que pour bredouiller des vanités et des sottises. Il a si peu d'égard au temps, aux personnes, aux bienséances, que chacun a son fait sans qu'il ait eu intention de le lui donner ; il n'est pas encore assis qu'il a, à son insu, désobligé toute l'assemblée.

a. Surlignez les tournures et les figures de style exprimant l'excès dans ce portrait, puis nommez-les.

....

....

....

....

b. En quoi Théodecte est-il le contraire de l'honnête homme ?

....

....

....

....

Confronter l'œuvre à son contexte

6 Le traumatisme des guerres de Religion

Théodore Agrippa d'Aubigné, *Les Tragiques* (1616)

[…] Je veux peindre la France une mère affligée,
Qui est entre ses bras de deux enfants chargée.
Le plus fort, orgueilleux, empoigne les deux bouts
Des tétins[1] nourriciers ; puis à force de coups
D'ongles, de poings, de pied, il brise le partage
Dont nature donnait à son besson[2] l'usage […].

1. seins. 2. frère jumeau.

a. Par quelle figure de style d'Aubigné représente-t-il la France et les combattants des deux camps ? Quelle tonalité ces figures donnent-elle à la scène ?

....

....

....

....

b. Par quels procédés la violence de la guerre s'exprime-t-elle ici ?

....

....

....

....

7 La condition des femmes au XVIIe siècle selon les précieuses

Marie de Gournay, *Le Grief des dames* (1626)

Bienheureux es-tu, lecteur, si tu n'es point de ce sexe à qui l'on interdit tous les biens, lui interdisant la liberté ; à qui l'on interdit encore à peu près toutes les vertus[1], lui soustrayant[2] le pouvoir […], afin de lui constituer pour seule félicité[3], pour seules vertus souveraines, ignorer, faire le sot et servir.

1. qualités. 2. enlevant. 3. bonheur.

Orthographe modernisée par les auteurs.

a. Quelle signification le mot « grief » a-t-il dans le titre de l'œuvre ? Quel sujet annonce-t-il ?

....

....

....

b. Quelle répétition souligne la condition des femmes ? Quelles « vertus » attend-on d'elles ?

....

....

....

c. Par quels procédés Marie de Gournay dénonce-t-elle la situation des femmes ?

....

....

....

....

8 Le prix de l'ascension sociale au XVIIe siècle

Molière, *George Dandin, acte I, scène 4* (1668)

George Dandin s'adresse à sa belle-mère, Mme de Sotenville, et se plaint de son mariage.

George Dandin. – Et quels avantages, Madame, puisque Madame y a[1] ? L'aventure n'a pas été mauvaise pour vous, car sans moi vos affaires, avec votre permission, étaient fort délabrées, et mon argent a servi à reboucher d'assez bons trous ; mais moi, de quoi y ai-je profité, je vous prie, que d'un allongement de nom, et au lieu de George Dandin, d'avoir reçu par vous le titre de Monsieur de la Dandinière ?

1. titre réservé aux femmes de la noblesse au XVIIe siècle.

a. En quoi peut-on parler d'un mariage d'intérêt ?

....

....

....

b. À quelle réalité sociale Molière fait-il ainsi allusion ?

....

....

....

....

Les Lumières

22

Philippe Mercier, *La Vue* (détail), 1730.

Origines du mouvement

- **Un mouvement européen**, à la suite des réflexions sur l'honnête homme au XVIIe siècle
- **Une image :** rendre les hommes éclairés
- **Un principe :** le triomphe de la raison et du philosophe
- **Des buts :** chercher la vérité, permettre à l'homme d'accéder au bonheur grâce au progrès

Idées, thèmes et genres

L'Ailleurs et l'Autre

- progrès de la science et des méthodes de navigation
- rencontre de l'altérité
- nombreuses expéditions
- refus des préjugés
- récits de voyage

Montesquieu, *Lettres persanes* (1721)
Denis Diderot, *Supplément au voyage de Bougainville* (1772)

> « Et toi, chef des brigands qui t'obéissent, écarte promptement ton vaisseau de notre rive : nous sommes innocents, nous sommes heureux ; et tu ne peux que nuire à notre bonheur. »

La lutte contre l'obscurantisme

- intérêt pour des domaines variés
- importance de l'observation rationnelle
- volonté de vulgariser les connaissances
- outils de connaissance, mais aussi de contestation
- dialogue et conte philosophiques pour diffuser des idées

Fontenelle, *Histoire des oracles* (1687)
Denis Diderot et Jean Le Rond d'Alembert, *Encyclopédie* (1751-1772)
Jean-Jacques Rousseau, *Émile ou De l'éducation* (1762)
Voltaire, *Dictionnaire philosophique portatif* (1764)

La critique de la monarchie

- critique des monarques autoritaires
- dénonciation de la guerre
- critique de la monarchie absolue de droit divin

Voltaire, *Candide* (1759)
Jean-Jacques Rousseau, *Du contrat social* (1762)

La lutte contre les persécutions

- dénonciation de l'esclavagisme
- dénonciation de la torture
- dénonciation du fanatisme religieux, des persécutions commises à l'encontre des protestants

Montesquieu, *De l'esprit des lois* (1748)
Voltaire, *Traité sur la tolérance* (1763)

L'égalité entre les hommes

- réflexion sur les conditions sociales
- remise en cause des privilèges nobiliaires
- mouvements en faveur des droits des femmes
- drame bourgeois (personnages non nobles)
- comédie sociale ; inversion des rapports maîtres/valets

Marivaux, *L'Île des esclaves* (1725)
Olympe de Gouges, *Déclaration des droits de la femme et de la citoyenne* (1791)
Beaumarchais, *Le Mariage de Figaro* (1784)

Carnet de lecture

Œuvre(s)/texte(s) des Lumières lu(e)s :

....

....

....

Ce que j'ai retenu :

....

....

....

Phrases qui ont retenu mon attention :

....

....

....

Ce que j'ai aimé / Ce que je n'ai pas aimé :

....

....

....

XVIIIe siècle

23 Le Libertinage

Origines du mouvement

- **Un mouvement** né au XVIIe siècle dans un contexte de conflits religieux (protestants/catholiques, jésuites/jansénistes)
- **Une influence réciproque** avec le mouvement des Lumières (esprit critique, usage de la raison, connaissances scientifiques, réflexions des philosophes)
- **Une image** : l'homme affranchi (en latin *libertinus* signifie « esclave affranchi »)
- **Un principe** : une pensée libérée de la religion et de la morale
- **Un personnage emblématique** : don Juan, le séducteur qui revendique son libertinage

Jean-Honoré Fragonard, *La Lettre d'amour* (détail), 1780, Metropolitan Museum of Art, New York (États-Unis).

Idées, thèmes et genres

La critique de la religion

- affirmation de la supériorité de la raison
- attitude critique face aux préjugés, superstitions, miracles
- affranchissement des principes et dogmes de la religion
- athéisme

Molière, *Dom Juan* (1682)
Pierre Bayle, *Dictionnaire historique et critique* (1695-1705)

Une démarche philosophique

- pensée matérialiste (tout est matière) et influence de l'atomisme
- importance de l'observation et de l'expérimentation
- choix du libre arbitre
- réflexions sur la politique et remise en cause de la monarchie absolue

Cyrano de Bergerac, *Histoire comique des États et Empires de la Lune* (1657)

Le libertinage de mœurs

- influence de l'hédonisme (prônant la quête du plaisir) et du courant sensible (préfigurant le Romantisme)
- revendication de l'inconstance amoureuse
- revendication de la liberté sexuelle

Abbé Prévost, *Manon Lescaut* (1731)

> « De la manière dont nous sommes faits, il est certain que notre félicité consiste dans le plaisir. »

Crébillon fils, *Les Égarements du cœur et de l'esprit* (1736)

Le roman libertin et le roman sensible

- personnages faisant l'expérience de l'amour ou multipliant les expériences amoureuses
- séduction, manipulation et cynisme des personnages libertins
- choix de la forme épistolaire faisant apparaître les contrastes entre les personnages
- présence d'argumentation

Jean-Jacques Rousseau, *Julie ou la Nouvelle Héloïse* (1761)
Pierre Choderlos de Laclos, *Les Liaisons dangereuses* (1782)

> « Depuis la nuit, l'heureuse nuit d'hier, je me trouve dans mon élément, j'ai repris toute mon existence, j'ai dévoilé un double mystère d'amour et d'iniquité, je jouirai de l'un, je me vengerai de l'autre, je volerai de plaisirs en plaisirs. »

Carnet de lecture

Œuvre(s)/texte(s) libertin(s) lu(e)s :

....
....
....

Ce que j'ai retenu :

....
....
....

Phrases qui ont retenu mon attention :

....
....
....

Ce que j'ai aimé / Ce que je n'ai pas aimé :

....
....
....

Repérer et analyser les principes du mouvement

1 Un mouvement européen

Emmanuel Kant, *Qu'est-ce que les Lumières ?* (1784)

L'Aufklärung, les Lumières, c'est la sortie de l'homme de sa minorité, dont il est lui-même responsable. Minorité, c'est-à-dire incapacité de se servir de son entendement sans la direction d'autrui, minorité dont il est lui-même responsable, puisque la cause en réside non dans un défaut de l'entendement, mais dans un manque de décision et de courage de s'en servir sans la direction d'autrui. *Sapere aude !* Aie le courage de te servir de ton propre entendement. Telle est la devise des Lumières.

Trad. par D. Bourel et S. Piobetta, © Mille et une nuits, 2006.

a. Quel synonyme pouvez-vous donner du mot « entendement » ?

....

....

b. Quelles instances l'auteur vise-t-il en évoquant « la direction d'autrui » ?

....

....

....

....

....

2 Pour la liberté d'expression

Beaumarchais, *La Folle Journée ou le Mariage de Figaro, préface* (1784)

Le roi Louis XVI interdit la comédie de Beaumarchais, qui met en scène un comte épris de la future épouse de son valet, Figaro.

La Folle Journée explique donc comment, dans un temps prospère, sous un roi juste et des ministres modérés, l'écrivain peut tonner sur les oppresseurs, sans craindre de blesser personne. C'est pendant le règne d'un bon prince qu'on écrit sans danger l'histoire des méchants rois ; et plus le gouvernement est sage, est éclairé, moins la liberté de dire est en presse[1] : chacun y faisant son devoir, on n'y craint pas les allusions.

1. oppressée

a. Soulignez les termes emblématiques du mouvement des Lumières.

b. Pour quelle raison Beaumarchais évoque-t-il le « bon prince » ? Que suggère-t-il ?

....

....

....

....

....

....

....

c. Quelle fonction Beaumarchais assigne-t-il au théâtre ?

....

....

....

....

....

....

....

Analyser les caractéristiques d'écriture des genres

3 Le conte philosophique

Voltaire, *L'Ingénu* (1767)

Un jour saint Dunstan, irlandais de nation et saint de profession, partit d'Irlande sur une petite montagne qui vogua vers les côtes de France, et arriva par cette voiture à la baie de Saint-Malo. Quand il fut à bord, il donna la bénédiction à sa montagne, qui lui fit de profondes révérences et s'en retourna en Irlande par le même chemin qu'elle était venue.

Dunstan fonda un petit prieuré dans ces quartiers-là, et lui donna le nom de prieuré de la Montagne, qu'il porte encore, comme un chacun sait.

En l'année 1689, le 15 juillet au soir, l'abbé de Kerkabon, prieur de Notre-Dame, se promenait sur le bord de la mer avec mademoiselle de Kerkabon, sa sœur, pour prendre le frais. Le prieur, déjà un peu sur l'âge, était un très bon ecclésiastique, aimé de ses voisins, après l'avoir été autrefois de ses voisines.

a. Retrouvez les caractéristiques du conte de fées en complétant les rubriques ci-dessous.

- Merveilleux : ....
- Temps : ....

....

- Tradition orale : ....

....

....

b. Soulignez les détails surprenants dans leur formulation. Quel est l'effet produit ? Quelle intention se dessine dans l'écriture de ce conte ?

....

....

....

....

....

....

....

....

4 Le roman épistolaire

Pierre Choderlos de Laclos, *Les Liaisons dangereuses* (1782)

Valmont a donné de l'argent à des pauvres. La première lettre est de Valmont, la deuxième, de la Présidente de Tourvel.

Cependant, au milieu des bénédictions bavardes de cette famille, je ne ressemblais pas mal au Héros d'un Drame, dans la scène du dénouement. Vous remarquerez que dans cette foule était surtout le fidèle espion. Mon but était rempli : je me dégageai d'eux tous, et regagnai le Château. Tout calculé, je me félicite de mon invention. Cette femme vaut bien sans doute que je me donne tant de soins.

Lettre 21, Le vicomte de Valmont à la marquise de Merteuil

Mon Domestique a été témoin de cette vertueuse action [...]. À présent, dites-moi, ma respectable amie, si M. de Valmont est en effet un libertin sans retour ? S'il n'est que cela et se conduit ainsi, que restera-t-il aux gens honnêtes ? Quoi ! les méchants partageraient-ils avec les bons le plaisir sacré de la bienfaisance ? Dieu permettrait-il qu'une famille vertueuse reçût, de la main d'un scélérat, des secours dont elle rendrait grâce à sa divine Providence ? [...] Non.

Lettre 22, La Présidente de Tourvel à Madame de Volanges

a. Soulignez dans les deux lettres la façon dont Valmont est désigné. Les termes employés par Mme de Tourvel traduisent-ils sa pensée ?

....

....

....

....

....

b. Quel but Valmont poursuit-il, d'après ces lettres ?

....

....

....

....

....

....

c. Quel intérêt revêt le roman épistolaire, d'après ces extraits ?

....

....

....

....

....

....

....

....

....

....

Repérer et analyser des figures de style

5 Pour la liberté d'expression

Montesquieu, *De l'esprit des lois* (1748)

Quand les sauvages de la Louisiane veulent avoir du fruit, ils coupent l'arbre au pied, et cueillent le fruit. Voilà le gouvernement despotique. [...] Un tel prince a tant de défauts qu'il faudrait craindre d'exposer au grand jour sa stupidité naturelle. Il est caché, et l'on ignore l'état où il se trouve. Par bonheur, les hommes sont tels dans ce pays, qu'ils n'ont besoin que d'un nom qui les gouverne.

a. Encadrez les expressions qui manifestent explicitement le jugement de l'auteur sur le gouvernement despotique.

b. Soulignez les éléments qui participent de l'ironie et nommez les figures de style employées.

....

....

....

Confronter une œuvre à son contexte

6 L'Autre et l'Ailleurs

Lahontan, *Dialogues de M. le baron de Lahontan et d'un Sauvage dans l'Amérique* (1703)

Il y a cinquante ans que les gouverneurs du Canada prétendent que nous soyons sous les lois de leur grand capitaine. Nous nous contentons de nier notre dépendance de tout autre que du grand Esprit ; nous sommes nés libres et frères unis, aussi grands maîtres les uns que les autres ; au lieu que vous êtes tous des esclaves d'un seul homme. Si nous ne répondons pas que nous prétendons que *tous les Français* dépendent de nous, c'est que nous voulons éviter des querelles. Car sur quel droit et sur quelle autorité fondent-ils cette prétention ? Est-ce que nous nous sommes vendus à ce grand capitaine ? Avons-nous été en France vous chercher ? C'est vous qui êtes venus ici nous trouver.

1608 : fondation de Québec par les Français

1663 : organisation de la Nouvelle-France en province

1683 : Lahontan se rend au Canada pour combattre les Iroquois

1682-1702 : fondation de colonies en Louisiane

1713 : la France cède aux Anglais une partie des colonies

1763 : la Nouvelle-France est cédée à l'Angleterre

1767 : *L'Ingénu* de Voltaire

a. Quel personnage prononce ces paroles ? Soulignez les indices qui vous ont permis de répondre.

....

....

....

....

c. Quels idéaux des Lumières le personnage défend-il ?

....

....

....

Le Romantisme

Origines du mouvement

- **Un mouvement européen**, né à la fin du XVIIIᵉ siècle, s'inspirant du *Sturm und Drang* allemand (« tempête et passion »)
- **Origine du mot** : anglais *romantic* et allemand *romantisch*, qui désignent les émotions du lecteur de romans
- **Des principes** : une sensibilité et des émotions exacerbées, la liberté laissée à l'imagination et aux chimères, au cœur plutôt qu'à la raison
- **Des buts** : rompre avec les règles de l'esthétique classique, montrer les deux facettes de l'homme, sublime et grotesque

Eugène Lami, « La nuit d'octobre », XIXᵉ siècle, illustration pour *Les Nuits* d'Alfred de Musset.

Idées, thèmes et genres

Le « mal du siècle »

- une jeunesse marquée par les bouleversements politiques (Révolution, fin de l'Ancien Régime)
- tiraillement entre un passé aboli et des lendemains incertains
- nostalgie et mélancolie
- « vague des passions » : état d'âme d'une jeunesse désenchantée

Benjamin Constant, *Adolphe* (1816)
Alfred de Vigny, *Chatterton* (1835)
Alfred de Musset, *La Confession d'un enfant du siècle* (1836)

Un Moi exacerbé

- exaltation du moi, de la sensibilité, quête d'absolu
- la nature, refuge du moi : le paysage exprime un état d'âme
- poésie romantique : lyrisme porté par une nouvelle rythmique du vers, la ponctuation expressive, le retour de genres anciens (ode, ballade, sonnet...)
- roman et poésie autobiographiques : le récit de l'intime prend une valeur universelle

François-René de Chateaubriand, *René* (1802)
Alphonse de Lamartine, *Méditations poétiques* (1820)
Alfred de Musset, *Premières poésies* (1832)

> « Ah ! Frappe-toi le cœur, c'est là qu'est le génie. »

Victor Hugo, *Les Contemplations* (1856)

L'imagination et l'évasion

- fascination pour le passé (Moyen Âge, début du XVIIᵉ siècle) et pour l'ailleurs (Orient, mythes nordiques et germaniques...)
- romans historiques, pièces de théâtre qui exploitent ces décors

Victor Hugo, *Notre-Dame de Paris* (1831)
Alexandre Dumas, *Les Trois Mousquetaires* (1844)

L'engagement des artistes dans le siècle

- des artistes qui prennent part aux combats politiques (1848, IIᵉ République), des œuvres-miroirs des événements historiques
- engagement dans des causes sociales : misère, inégalités, condition des femmes

Alexandre Dumas, *Le Comte de Monte-Cristo* (1845)
George Sand, *Indiana* (1832)
Victor Hugo, *Les Misérables* (1862)

Le drame romantique

- théâtre inspiré de Shakespeare et Schiller, par opposition au théâtre classique
- mélange de genres et tonalités (tragédie/comédie, sublime/grotesque, style noble/bas)
- choix de cadres historiques ou exotiques précis

Victor Hugo, *Hernani* (1830)
Alfred de Musset, *Lorenzaccio* (1834)

Carnet de lecture

Œuvre(s)/texte(s) du Romantisme lu(e)s :

....

....

....

Ce que j'ai retenu :

....

....

....

Phrases qui ont retenu mon attention :

....

....

....

Ce que j'ai aimé / Ce que je n'ai pas aimé :

....

....

....

Exercices

Repérer et analyser les principes du mouvement

1 Le *Sturm und Drang* allemand

J. W. von Goethe, *Les Souffrances du jeune Werther* (1774)

Ce roman de Goethe est considéré comme une des œuvres fondatrices du Romantisme. Le jeune Werther aime une femme fiancée à un autre.

En vain j'étends les bras pour la saisir, le matin, quand je commence à reprendre mes sens au sortir de rêves accablants ; en vain, la nuit, étendu sur ma couche, je la cherche, quand l'innocente illusion d'un songe heureux m'a fait croire que j'étais assis auprès d'elle dans la prairie, tenant sa main et la couvrant de baisers ! Hélas ! quand alors, encore à moitié étourdi de sommeil, je la cherche à tâtons, et que ce mouvement me réveille tout à fait… un torrent de larmes s'échappe de mon cœur oppressé ; je pleure en contemplant avec désolation le sombre avenir qui m'attend.

Trad. C. Bachellery.

a. Soulignez les marques de la 1re personne dans le texte.

b. Quels sentiments contraires le narrateur éprouve-t-il ?

....

....

....

....

....

....

....

....

....

....

....

....

....

....

c. Comment la sensibilité du personnage se manifeste-t-elle ?

....

....

....

....

2 Les enfants du siècle

Alfred de Musset, *La Confession d'un enfant du siècle* (1836)

Musset évoque la jeunesse au début du XIX*e siècle, prise dans les tourments de l'Histoire.*

Trois éléments partageaient donc la vie qui s'offrait alors aux jeunes gens : derrière eux un passé à jamais détruit, s'agitant encore sur ses ruines, avec tous les fossiles des siècles de l'absolutisme ; devant eux l'aurore d'un immense horizon, les premières clartés de l'avenir ; et entre ces deux mondes… quelque chose de semblable à l'Océan qui sépare le vieux continent de la jeune Amérique, je ne sais quoi de vague et de flottant, une mer houleuse et pleine de naufrages, traversée de temps en temps par quelque blanche voile lointaine ou par quelque navire soufflant une lourde vapeur ; le siècle présent, en un mot, qui sépare le passé de l'avenir, qui n'est ni l'un ni l'autre et qui ressemble à tous deux à la fois, et où l'on ne sait, à chaque pas qu'on fait, si l'on marche sur une semence ou sur un débris.

a. Quels sont les « trois éléments » dont parle Musset ?

....

....

....

b. Soulignez les métaphores qui décrivent l'état d'esprit de cette jeunesse.

c. D'après le texte, comment comprenez-vous l'expression « mal du siècle » qui caractérise le Romantisme ?

....

....

....

....

....

....

....

....

Analyser les caractéristiques d'écriture des genres

3 La poésie du Moi

Alphonse de Lamartine, *Méditations poétiques, préface* (1820)

Je n'imitais plus personne, je m'exprimais moi-même pour moi-même. Ce n'était pas un art, c'était un soulagement de mon propre cœur qui se berçait de ses propres sanglots. […] La poésie sera intime surtout, l'écho profond, réel, sincère des plus mystérieuses impressions de l'âme. Ce sera l'homme lui-même et non plus son image, l'homme sincère et tout entier.

a. Soulignez les mots qui décrivent la poésie selon Lamartine.

b. Quelle est la fonction de la poésie ?

....

....

....

....

....

4 Le drame romantique

Victor Hugo, *Cromwell*, **préface** (1827)

La poésie de notre temps est donc le drame ; le caractère du drame est le réel ; le réel résulte de la combinaison toute naturelle de deux types, le sublime et le grotesque, qui se croisent dans le drame, comme ils se croisent dans la vie et dans la création. Car la poésie vraie, la poésie complète, est dans l'harmonie des contraires. […] Le drame, qui fond sous un même souffle le grotesque et le sublime, le terrible et le bouffon, la tragédie et la comédie, le drame est le caractère propre de la troisième époque de poésie, de la littérature actuelle.

a. Soulignez les antithèses dans le texte.

b. Selon Hugo, que permet d'exprimer cette « harmonie des contraires » ?

Repérer et analyser les principes du mouvement

5 La musicalité

Alfred de Musset, « La Nuit de décembre », *Les Nuits* (1835)

[…] Partout où, le long des chemins,
J'ai posé mon front dans mes mains,
Et sangloté comme une femme ;
Partout où j'ai, comme un mouton,
Qui laisse sa laine au buisson,
Senti se dénuder mon âme ;

Partout où j'ai voulu dormir,
Partout où j'ai voulu mourir,
Partout où j'ai touché la terre,
Sur ma route est venu s'asseoir
Un malheureux vêtu de noir,
Qui me ressemblait comme un frère. […]

a. Relevez deux comparaisons et expliquez-les.

b. Soulignez l'expression « partout où » dans le poème. Comment interprétez-vous cette répétition ?

c. Dans les vers 10-12, relevez des allitérations. Quels effets permettent-elles ?

Confronter une œuvre à son contexte

6 Le drame romantique, une révolution théâtrale

Théophile Gautier, *Histoire du romantisme* (1874)

*Théophile Gautier se souvient de la première représentation d'*Antony *d'Alexandre Dumas. Dans cette pièce, le héros retrouve la femme qu'il a aimée naguère, et finit par la tuer.*

Ce que fut la soirée, aucune exagération ne saurait le rendre. La salle était vraiment en délire ; on applaudissait, on sanglotait, on pleurait, on criait. La passion brûlante de la pièce avait incendié tous les cœurs. Les jeunes femmes adoraient Antony ; les jeunes gens se seraient brûlé la cervelle pour Adèle d'Hervey. L'amour moderne se trouvait admirablement figuré par ce groupe, auquel Bocage et madame Dorval donnaient une intensité de vie extraordinaire ; Bocage l'homme fatal, madame Dorval la faible femme par excellence ! […] L'effet que dut produire cette pièce entraînante sur le public incandescent et la jeunesse volcanique de l'époque, on se le figure aisément. Nous ne possédons pas un morceau du fameux habit vert qui fut déchiré sur le dos d'Alexandre Dumas, comme il le raconte lui-même, par des admirateurs trop ardents qui voulaient garder un souvenir, une relique de lui […].

1827 : Victor Hugo, préface de *Cromwell*

1829 : la commission de censure interdit *Marion de Lorme* de Victor Hugo

1830 : bataille d'*Hernani*

1831 : représentation d'*Antony* d'Alexandre Dumas

1834 : Alfred de Musset, *Lorenzaccio*

a. Soulignez les mots qui caractérisent les sentiments et les réactions du public.

b. En quoi peut-on dire que les spectateurs sont « passionnés » ?

c. Que nous apprend ce texte sur le théâtre romantique ?

XIXe siècle

25 Le Réalisme

Gustave Courbet, *Les Cribleuses de blé* (détail), 1854, musée des Beaux-Arts de Nantes.

Origines du mouvement

- **Un mouvement** en réaction à l'idéalisme romantique, en peinture et en littérature
- **Une influence** : la science, fondée sur l'observation
- **Un principe** : rester fidèle au réel
- **Un but** : étudier les changements sociaux après les bouleversements du début du XIXe siècle

Idées, thèmes et genres

Des sujets tirés de la vie réelle

- argent, ambition
- relations amoureuses, mariage et adultère
- transformations sociales et politiques
- vie parisienne et vie provinciale

Stendhal, *Le Rouge et le Noir* (1830)

> « Eh, monsieur, un roman est un miroir qui se promène sur une grande route. Tantôt il reflète à vos yeux l'azur des cieux, tantôt la fange des bourbiers de la route. »

Honoré de Balzac, *Eugénie Grandet* (1833), *Le Colonel Chabert* (1835)

Le rôle de la description

- faire le portrait à la fois moral et physique des personnages
- décrire le cadre dans lequel évoluent les personnages (villes, maisons chez Balzac)
- créer un effet de réel
- se documenter de manière rigoureuse pour écrire (abondante documentation de Flaubert)
- se rapprocher de l'esthétique de la peinture

Honoré de Balzac, *Eugénie Grandet* (1833)
Gustave Flaubert, *Madame Bovary* (1857)

De nouveaux types de personnages

- description de toutes les classes sociales : aristocrates, bourgeois, paysans, commerçants, domestiques…
- personnages « types », représentatifs d'une catégorie (Rastignac, chez Balzac, est le type de l'ambitieux)
- romans d'apprentissage montrant l'évolution du personnage au sein de la société
- *La Comédie humaine* de Balzac, cycle romanesque fondé sur le retour des personnages (Vautrin apparaît dans *Le Père Goriot*, puis dans *Illusions perdues*)

Honoré de Balzac, *Le Père Goriot* (1834), *Le Lys dans la vallée* (1836), *César Birotteau* (1837)
Gustave Flaubert, *L'Éducation sentimentale* (1869)
Guy de Maupassant, *Contes de la bécasse* (1883), *Bel-Ami* (1885)

Un regard pessimiste

- témoigner d'une société et de familles minées par l'argent et l'ambition
- critiquer la vision idéalisée de l'amour
- dépeindre l'échec et l'ennui
- présenter des personnages satiriques, à l'image de leur époque (portrait de Homais dans *Madame Bovary* de Flaubert)

Honoré de Balzac, *Illusions perdues* (1837-1843), *La Femme de trente ans* (1842)
Guy de Maupassant, *Pierre et Jean* (1887)

Carnet de lecture

Œuvre(s)/texte(s) réaliste(s) lu(e)s :

....

Ce que j'ai retenu :

....

Phrases qui ont retenu mon attention :

....

Ce que j'ai aimé / Ce que je n'ai pas aimé :

....

Le Naturalisme

Origines du mouvement

- **Un mouvement** héritier du Réalisme dont il reprend les principes et caractéristiques
- **Une figure majeure** : Émile Zola ; ses amis et lui écrivent ensemble *Les Soirées de Médan*
- **Une influence** : la médecine expérimentale de Claude Bernard, contemporain de Zola

Portrait d'Émile Zola, illustration d'André Gill parue dans *L'Éclipse*, 16 avril 1876.

Idées, thèmes et genres

Une démarche d'observation scientifique

- travailler, comme un médecin, à partir de cas exemplaires (observation, expérimentation, diagnostic)
- se rendre sur les lieux évoqués dans les romans (Zola visite une mine pour *Germinal*)
- mener un travail documentaire, une enquête
- la description : un outil pour caractériser le personnage et décrire son milieu

Émile Zola, *Le Roman expérimental* (1880)

> « le romancier est fait d'un observateur et d'un expérimentateur. L'observateur chez lui donne les faits tels qu'il les a observés [...]. Puis, l'expérimentateur paraît et institue l'expérience, je veux dire fait mouvoir les personnages dans une histoire particulière »

L'hérédité familiale et le milieu social

- influence des théories de la transmission de l'acquis par l'hérédité
- cycle romanesque qui suit une famille marquée par une même hérédité (Zola rassemble la plupart de ses romans sous le titre *Les Rougon-Macquart*)
- importance des pulsions, des « appétits »
- milieu social qui détermine le destin des personnages

Émile Zola, *Thérèse Raquin* (1867), *Les Rougon-Macquart* (1871-1893), *Le Roman expérimental* (1880)

> « L'homme n'est pas seul, il vit dans une société, dans un milieu social [...]. Notre grande étude est là, dans le travail réciproque de la société sur l'individu et de l'individu sur la société. »

Montrer toute la société, y compris le peuple

Vaste fresque romanesque qui traverse toutes les classes sociales :
- personnages du peuple au destin tragique (la blanchisseuse Gervaise chez Zola, la servante Germinie chez les Goncourt)
- monde de la bourgeoisie et des affaires (Saccard dans *La Curée* de Zola)
- description du monde ouvrier (*Germinal* de Zola, *Les Sœurs Vatard* de Huysmans)
- description de la campagne (*La Terre* de Zola)

Edmond et Jules de Goncourt, *Germinie Lacerteux* (1865)
Joris-Karl Huysmans, *Les Sœurs Vatard* (1879)

Carnet de lecture

Œuvre(s)/texte(s) naturaliste(s) lu(e)s :

....

....

....

Ce que j'ai retenu :

....

....

....

Phrases qui ont retenu mon attention :

....

....

....

Ce que j'ai aimé / Ce que je n'ai pas aimé :

....

....

....

Repérer et analyser les principes du mouvement

1 Une démarche scientifique ?

1. Honoré de Balzac, *La Comédie humaine, avant-propos* (1842)

La Société ne fait-elle pas de l'homme, suivant les milieux où son action se déploie, autant d'hommes différents qu'il y a de variétés en zoologie ? [...] Il a donc existé, il existera donc de tout temps des espèces sociales comme il y a des espèces zoologiques. Si Buffon a fait un magnifique ouvrage en essayant de représenter dans un livre l'ensemble de la zoologie, n'y avait-il pas une œuvre de ce genre à faire pour la société ?

2. Émile Zola, *Le Roman expérimental* (1880)

J'en suis donc arrivé à ce point : le roman expérimental est une conséquence de l'évolution scientifique du siècle ; il continue et complète la physiologie, qui elle-même s'appuie sur la chimie et la physique ; il substitue à l'étude de l'homme abstrait, de l'homme métaphysique, l'étude de l'homme naturel, soumis aux lois physico-chimiques et déterminé par les influences du milieu ; il est en un mot la littérature de notre âge scientifique.

a. À quels domaines scientifiques ces extraits font-ils référence ? Surlignez le lexique employé, puis répondez ci-dessous.

....

....

....

....

....

....

b. Sur quoi les phrases soulignées dans le texte 2 mettent-elles l'accent ?

....

....

....

....

2 La visée explicative

Honoré de Balzac, *Béatrix* (1839)

Même après la révolution de 1830, Guérande est encore une ville à part, essentiellement bretonne, catholique fervente, silencieuse, recueillie, où les idées nouvelles ont peu d'accès.

La position géographique explique ce phénomène. Cette jolie cité commande des marais salants dont le sel se nomme, dans toute la Bretagne, sel de Guérande, et auquel beaucoup de Bretons attribuent la bonté de leur beurre et des sardines. Elle ne se relie à la France moderne que par deux chemins, celui qui mène à Savenay, l'arrondissement dont elle dépend, et qui passe à Saint-Nazaire ; celui qui mène à Vannes et qui la rattache au Morbihan.

a. Quel constat Balzac fait-il sur la ville de Guérande, l. 1-4 ?

....

....

....

....

b. Quel lien logique relie les paragraphes ? Quelle est la démarche de l'auteur ?

....

....

....

....

c. Soulignez les verbes conjugués : quel temps est employé ? Quelle est sa valeur ?

....

....

Analyser les caractéristiques d'écriture des genres

3 Les effets de réel

1. Honoré de Balzac, *Le Médecin de campagne* (1833)

Çà et là, des chaumières entourées de jardins pleins d'arbres fruitiers couverts de fleurs réveillent les idées qu'inspire une misère laborieuse. Plus loin, des maisons à toitures rouges, composées de tuiles plates et rondes semblables à des écailles de poisson, annoncent l'aisance due à de longs travaux. Enfin au-dessus de chaque porte se voit le panier suspendu dans lequel sèchent les fromages. Partout les haies, les enclos sont égayés par des vignes mariées, comme en Italie, à de petits ormes dont le feuillage se donne aux bestiaux.

2. Gustave Flaubert, *Madame Bovary* (1857)

Ainsi vu d'en haut, le paysage tout entier avait l'air immobile comme une peinture ; les navires à l'ancre se tassaient dans un coin ; le fleuve arrondissait sa courbe au pied des collines vertes, et les îles, de forme oblongue, semblaient sur l'eau de grands poissons noirs arrêtés. Les cheminées des usines poussaient d'immenses panaches bruns qui s'envolaient par le bout. On entendait le ronflement des fonderies avec le carillon clair des églises qui se dressaient dans la brume. Les arbres des boulevards, sans feuilles, faisaient des broussailles violettes au milieu des maisons, et les toits, tout reluisants de pluie, miroitaient inégalement, selon la hauteur des quartiers.

a. Encadrez les compléments circonstanciels de lieu dans ces deux extraits. Quel est leur rôle ?

....

....

....

b. Comment les auteurs donnent-ils à voir le paysage ? Relevez les notations visuelles et auditives.

....

....

....

....

....

....

....

....

....

....

4 Les visées d'un portrait

Guy de Maupassant, *Pierre et Jean* (1887)

L'auteur fait le portrait de Mme Roland, une commerçante retraitée.
Ses cheveux châtains commençaient seulement à blanchir. Elle avait un air calme et raisonnable, un air heureux et bon qui plaisait à voir. Selon le mot de son fils Pierre, elle savait le prix de l'argent, ce qui ne l'empêchait point de goûter le charme du rêve. Elle aimait les lectures, les romans et les poésies, non pour leur valeur d'art, mais pour la songerie mélancolique et tendre qu'ils éveillaient en elle. Un vers, souvent banal, souvent mauvais, faisait vibrer la petite corde, comme elle disait, lui donnait la sensation d'un désir mystérieux presque réalisé. Et elle se complaisait à ces émotions légères qui troublaient un peu son âme bien tenue comme un livre de comptes.

En quoi le portrait est-il à la fois physique, psychologique et social ? Justifiez votre réponse.

....

....

....

....

....

....

Repérer et analyser des figures de style

5 La métaphore dans la description naturaliste

Émile Zola, *Germinal* (1885)

Le personnage principal descend dans une mine.
Il ne comprenait bien qu'une chose : le puits avalait des hommes par bouchées de vingt et de trente, et d'un coup de gosier si facile, qu'il semblait ne pas les sentir passer. Dès quatre heures, la descente des ouvriers commençait. Ils arrivaient de la baraque, pieds nus, la lampe à la main, attendant par petits groupes d'être en nombre suffisant. Sans un bruit, d'un jaillissement doux de bête nocturne, la cage de fer montait du noir, se calait sur les verrous, avec ses quatre étages contenant chacun deux berlines pleines de charbon. Des moulineurs, aux différents paliers, sortaient les berlines, les remplaçaient par d'autres, vides ou chargées à l'avance des bois de taille.

a. Quels termes renvoient précisément à la mine et au monde du travail ?

....

....

....

....

....

....

b. Quels mots permettent la mise en place d'une métaphore filée ? Dans quelle tonalité cet extrait s'inscrit-il ?

....

....

....

....

....

....

....

Confronter une œuvre à son contexte

6 Le roman naturaliste, une œuvre ouverte sur son temps

Edmond et Jules de Goncourt, *Germinie Lacerteux, préface* (1865)

Pourquoi donc avons-nous écrit [ce roman] ? Est-ce simplement pour choquer le public et scandaliser ses goûts ? Non.
Vivant au dix-neuvième siècle, dans un temps de suffrage universel, de démocratie, de libéralisme[1], nous nous sommes demandé si ce qu'on appelle « les basses classes » n'avait pas droit au Roman ; si ce monde sous un monde, le peuple, devait rester sous le coup de l'interdit littéraire et des dédains d'auteurs qui ont fait jusqu'ici le silence sur l'âme et le cœur qu'il peut avoir. [...] Il nous est venu la curiosité de savoir si cette forme conventionnelle d'une littérature oubliée et d'une société disparue, la Tragédie, était définitivement morte [...].

1. ici, défense des libertés individuelles, par opposition au royalisme.

a. Comment les écrivains expliquent-ils leur intérêt pour le peuple ? Justifiez votre réponse.

....

....

....

....

....

....

b. Quelle réaction les deux romanciers s'attendent-ils à provoquer ?

....

....

....

27

XIXe siècle

Le Parnasse

Origines du mouvement

- **Un mouvement** né en réaction au Romantisme, devant l'échec de ses engagements politiques
- **Une image** : le mont Parnasse, séjour mythique des Muses, lieu sacré des poètes
- **Une œuvre collective** : *Le Parnasse contemporain* (1866, 1869 et 1876), anthologie poétique
- **Des principes** : le refus du lyrisme personnel, un retour aux sources de la création poétique
- **Un but** : proposer une poésie ciselée et formellement exigeante

William Bouguereau, *L'Art et la Littérature* (détail), 1867, Arnot Art Museum Elmira, New York (États-Unis).

Idées et thèmes

Une poésie impersonnelle

- une œuvre poétique qui doit être impersonnelle : refus du lyrisme et du pathétique, recherche de l'impassibilité
- refus de l'engagement politique en poésie

Leconte de Lisle, « Les Montreurs », *Poèmes barbares* (1862)

> « Dans mon orgueil muet, dans ma tombe sans gloire,
> Dussé-je m'engloutir pour l'éternité noire,
> Je ne te vendrai pas mon ivresse ou mon mal »

Le poète et son inspiration

- recherche d'une beauté idéale
- poètes à la quête incomprise, se tenant à l'écart du monde moderne
- inspiration puisée dans les civilisations anciennes (histoire, mythologie) et les horizons exotiques (Grèce, Inde ancienne...)

Leconte de Lisle, *Poèmes antiques* (1852), *Poèmes barbares* (1862)
Sully Prudhomme, *Les Solitudes* (1869)

L'exigence formelle

- travail acharné du vers
- recours à des formes poétiques anciennes (ballades, rondeaux)
- prépondérance du sonnet
- formes contraignantes et exigeantes, pour accéder à la beauté idéale

Théophile Gautier, « L'Art », *Émaux et camées* (1852)

> « Oui, l'œuvre sort plus belle
> D'une forme au travail
> Rebelle »

Théodore de Banville, *Odes funambulesques* (1857), *Trente-six ballades joyeuses* (1873)
José Maria de Heredia, *Les Trophées* (1892)

L'Art pour l'Art

- valorisation de l'esthétique plutôt que du message
- culte absolu de l'art qui doit redonner sa grandeur à la poésie
- le travail poétique, proche de la peinture, de la sculpture, de l'orfèvrerie

Théophile Gautier, préface de *Mademoiselle de Maupin* (1835)

Carnet de lecture

Œuvre(s)/texte(s) parnassien(s) lu(e)s :

....

....

....

Ce que j'ai retenu :

....

....

....

Phrases qui ont retenu mon attention :

....

....

....

Ce que j'ai aimé / Ce que je n'ai pas aimé :

....

....

....

Le Décadentisme

Origines du mouvement

- **Un mouvement** qui naît d'un sentiment de déclin, lié à la défaite de 1870, la chute de l'Empire, la Commune
- **Un contexte** : ascension sociale d'une bourgeoisie matérialiste et conformiste ; pessimisme face aux progrès sociaux et techniques
- **Une image** : le dandy, qui fuit le monde dans le culte de l'art et de l'élégance
- **Des principes** : le rejet du Romantisme comme du Naturalisme, l'expression d'un désenchantement

Giovanni Boldoni, *Le comte Robert de Montesquiou* (détail), 1897, musée d'Orsay, Paris.

Idées, thèmes et genres

Le désenchantement

- rejet du lyrisme et de l'engagement idéaliste des romantiques
- critique de l'esprit scientifique du Naturalisme
- déception face à la société matérialiste
- expression de l'insatisfaction de vivre, du mal-être

Auguste de Villiers de L'Isle-Adam, *Contes cruels* (1883)
Joris-Karl Huysmans, *À rebours* (1884)
Jules Laforgue, *Les Complaintes* (1885)

Une écriture en quête d'innovations formelles

- recherche d'images inattendues
- en poésie, recherche d'effets de dissonance (rythme, sonorités)
- écriture tantôt prosaïque, tantôt recherchée

Jules Laforgue, *L'Imitation de Notre-Dame la Lune* (1886)

> « Penser qu'on vivra jamais dans cet astre,
> Parfois me flanque un coup dans l'épigastre. »

Charles Cros, *Le Collier de griffes* (1908, posth.)

Dérision et provocation

- œuvres teintées d'humour noir et d'ironie
- œuvres à dimension parodique
- inspiration poétique puisée dans le trivial et le quotidien
- goût pour la laideur et la provocation

Tristan Corbière, *Les Amours jaunes* (1873)
Charles Cros, *Le Coffret de santal* (1873)
Lautréamont, *Les Chants de Maldoror* (1874)
Jules Laforgue, *Les Moralités légendaires* (1887)

La figure du dandy

- personnage central des récits décadents
- figure élégante et raffinée
- être d'exception, aux marges de la société
- esthète exigeant et incompris

Jules Barbey d'Aurevilly, *Les Diaboliques* (1874)
Oscar Wilde, *Le Portrait de Dorian Gray* (1891)
Georges Rodenbach, *Bruges-la-Morte* (1892)

Carnet de lecture

Œuvre(s)/texte(s) du Décadentisme lu(e)s :

....

....

....

Ce que j'ai retenu :

....

....

....

Phrases qui ont retenu mon attention :

....

....

....

Ce que j'ai aimé / Ce que je n'ai pas aimé :

....

....

....

XIXe siècle

29 Le Symbolisme

Gustave Moreau, *Œdipe et le Sphinx* (détail), 1864, Metropolitan Museum of Art, New York (États-Unis).

Origines du mouvement

- **Un mouvement** influencé par la théorie des correspondances de Baudelaire (rapprochements d'images, de sensations, d'idées)
- **Des artistes** qui partagent une même sensibilité plus qu'une école
- **Un manifeste** : l'article « Le Symbolisme » de Jean Moréas (1886)
- **Une image** : le poète « voyant », à la recherche de la face cachée des choses
- **Des principes** : le rejet de l'esprit scientifique, le refus de l'Art pour l'Art jugé impersonnel et froid
- **Un but** : partir en quête d'un idéal poétique, « trouver une langue » (A. Rimbaud)

Idées et thèmes

Les images et les symboles

- le poète, un « voyant » qui modifie sa perception du monde par un « long, immense et raisonné *dérèglement de tous les sens* » (A. Rimbaud)
- transposition des visions du poète dans l'écriture
- des images (métaphores, allégories) pour traduire le monde intérieur du poète
- le symbole pour déchiffrer les mystères du monde
- utilisation de références mythologiques

Charles Baudelaire, « Correspondances » (1857)

> « La Nature est un temple où de vivants piliers
> Laissent parfois sortir de confuses paroles ;
> L'homme y passe à travers des forêts de symboles
> Qui l'observent avec des regards familiers. »

Arthur Rimbaud, « Lettre à Paul Demeny » (1871)
Maurice Maeterlinck, *Serres chaudes* (1889)

L'expression d'une sensibilité

- expression de la spiritualité du poète
- approche sensible et subjective du réel
- lyrisme souvent mélancolique et élégiaque
- exploration du rêve et de l'ailleurs

Paul Verlaine, *Poèmes saturniens* (1866), *Sagesse* (1880)
Arthur Rimbaud, *Illuminations* (posth., 1895)
Émile Verhaeren, *Les Villes tentaculaires* (1895)

L'expérimentation poétique

- variété des formes poétiques : vers, prose, invention du vers libre
- choix de mots rares pour leur pouvoir suggestif
- travail sur de nouvelles typographies
- ambition de réinventer la langue pour la mettre au service de la poésie

Charles Baudelaire, *Petits poèmes en prose ou le Spleen de Paris* (1869)
Arthur Rimbaud, *Une saison en enfer* (1873)
Stéphane Mallarmé, *Vers et prose* (1892), *Un coup de dés jamais n'abolira le hasard* (1897)

Une écriture musicale

- travail sur les sonorités
- importance du rythme et de la mélodie
- choix du vers impair pour plus de musicalité
- influence des genres musicaux (ex. : romance) sur les poètes, et des poètes sur les musiciens

Paul Verlaine, *Romances sans paroles* (1874), « Art poétique », *Jadis et naguère* (1884)

> « De la Musique avant toute chose
> Et pour cela préfère l'impair
> Plus vague et plus soluble dans l'air
> Sans rien en lui qui pèse ou qui pose »

Carnet de lecture

Œuvre(s)/texte(s) symboliste(s) lu(e)s :

....
....
....

Ce que j'ai retenu :

....
....
....

Phrases qui ont retenu mon attention :

....
....
....

Ce que j'ai aimé / Ce que je n'ai pas aimé :

....
....
....

Exercices

▸ 27. Le Parnasse
▸ 28. Le Décadentisme
▸ 29. Le Symbolisme

Repérer et analyser les principes des mouvements

1 La beauté parnassienne

Leconte de Lisle, « La Vénus de Milo », *Poèmes antiques* (1862)

[…] Du bonheur impassible ô symbole adorable,
Calme comme la Mer en sa sérénité,
Nul sanglot n'a brisé ton sein inaltérable,
Jamais les pleurs humains n'ont terni ta beauté. […]

a. Relevez le champ lexical des sentiments : quelle opposition trouvez-vous ?

....

....

....

....

b. En quoi les mots relevés définissent-ils l'idéal de beauté que défend le Parnasse ?

....

....

....

2 L'autodérision décadente

Jules Laforgue, « Complainte d'un autre dimanche », *Les Complaintes* (1885)

[…] Ah ! qu'est-ce que je fais, ici, dans cette chambre !
Des vers. Et puis, après ! ô sordide limace !
Quoi ! la vie est unique, et toi, sous ce scaphandre,
Tu te racontes sans fin, et tu te ressasses !
Seras-tu donc toujours un qui garde la chambre ? […]

a. Quels sentiments le poète éprouve-t-il ? Par quels procédés les exprime-t-il ?

....

....

....

....

....

....

b. Quelle image donne-t-il de lui-même et de son travail ? En quoi peut-on parler d'autodérision ?

....

....

....

....

....

....

....

3 La nuance symboliste

Paul Verlaine, « Art poétique », *Jadis et naguère* (1884)

[…] Car nous voulons la Nuance encor,
Pas la Couleur, rien que la nuance !
Oh ! la nuance seule fiance
Le rêve au rêve et la flûte au cor ! […]

De la musique encore et toujours !
Que ton vers soit la chose envolée
Qu'on sent qui fuit d'une âme en allée
Vers d'autres cieux à d'autres amours. […]

a. Quelles caractéristiques du Symbolisme retrouvez-vous dans ces strophes ?

....

....

....

....

....

b. Quel mètre est employé par Verlaine ? Pourquoi ?

....

....

....

4 Les visions d'un poète

Arthur Rimbaud, « Marine », *Illuminations* (1875)

Les chars d'argent et de cuivre –
Les proues[1] d'acier et d'argent –
Battent l'écume, –
Soulèvent les souches des ronces.
Les courants de la lande,
Et les ornières[2] immenses du reflux,
Filent circulairement vers l'est,
Vers les piliers de la forêt,
Vers les fûts[3] de la jetée,
Dont l'angle est heurté par des tourbillons de lumière.

1. parties avant de bateaux. 2. traces d'un véhicule dans un chemin. 3. troncs d'arbre.

a. Relevez les éléments qui font de ce poème la transcription d'une vision.

....

....

....

....

....

....

b. Comment l'écriture poétique bouleverse-t-elle les repères entre monde terrestre et monde marin ?

....

....

....

Analyser les caractéristiques d'écriture des genres

5 Le poème en prose symboliste

Charles Baudelaire, « Un hémisphère dans une chevelure », *Petits poèmes en prose* (1869)

[…] Dans l'ardent foyer de ta chevelure, je respire l'odeur du tabac mêlé à l'opium et au sucre ; dans la nuit de ta chevelure, je vois resplendir l'infini de l'azur tropical ; sur les rivages duvetés de ta chevelure je m'enivre des odeurs combinées du goudron, du musc et de l'huile de coco. Laisse-moi mordre longtemps tes tresses lourdes et noires. Quand je mordille tes cheveux élastiques et rebelles, il me semble que je mange des souvenirs.

a. En quoi cette prose est-elle musicale ? Répondez en vous appuyant sur les répétitions, les assonances et les allitérations.

b. Repérez les métaphores. Comment métamorphosent-elles la chevelure ?

Repérer et analyser des figures de style

6 L'allégorie parnassienne

Leconte de Lisle, « Le sommeil du condor », *Poèmes barbares* (1862)

[…] Il s'enlève[1] en fouettant l'âpre neige des Andes,
Dans un cri rauque il monte où n'atteint pas le vent,
Et, loin du globe noir, loin de l'astre vivant,
Il dort dans l'air glacé, les ailes toutes grandes.

1. s'envole.

Soulignez le lexique de la grandeur, de la hauteur et de la distance. En quoi le condor est-il l'allégorie du poète parnassien ?

7 L'allégorie décadente

Tristan Corbière, « Le crapaud », *Les Amours jaunes* (1873)

[…] – Un crapaud ! – Pourquoi cette peur,
Près de moi, ton soldat fidèle !
Vois-le, poète tondu, sans aile,
Rossignol de la boue… – Horreur ! –

… Il chante. – Horreur !! – Horreur pourquoi ?
Vois-tu pas son œil de lumière…
Non : il s'en va, froid, sous sa pierre.
……………………………………………………
Bonsoir – ce crapaud-là, c'est moi.

a. Quel sentiment le crapaud provoque-t-il chez le premier interlocuteur ?

b. De quoi le crapaud est-il l'allégorie ? Appuyez-vous sur les métaphores et personnifications.

Confronter une œuvre à son contexte

8 Un décadent juge ses contemporains

Joris-Karl Huysmans, *À rebours* (1884)

Des Esseintes, dandy passionné d'art, juge la société de son époque.
Il flairait une sottise si invétérée, une telle exécration pour ses idées à lui, un tel mépris pour la littérature, pour l'art, pour tout ce qu'il adorait, implantés, ancrés dans ces étroits cerveaux de négociants, exclusivement préoccupés de filouteries et d'argent et seulement accessibles à cette basse distraction des esprits médiocres, la politique, qu'il rentrait en rage chez lui et se verrouillait avec ses livres.

a. Comment le personnage juge-t-il ses contemporains ? Justifiez votre réponse.

b. Quelle attitude adopte-t-il ?

Le Surréalisme

Origines du mouvement

- **Un mouvement** marqué par le traumatisme de la Première Guerre mondiale
- **Une influence scientifique** : les théories de Sigmund Freud sur l'inconscient
- **Des influences artistiques** : Guillaume Apollinaire, le groupe « Dada » qui rejette les conventions littéraires et les valeurs bourgeoises
- **Des principes** : le refus de la raison, de la logique, de la morale ; l'exploration de l'inconscient
- **Un but** : libérer l'imagination pour aller au-delà du réel, viser le « surréel »

Salvador Dalí, *Téléphone-homard ou Téléphone aphrodisiaque* (détail), 1936, Museum für Kommunikation, Francfort (Allemagne).

Idées, thèmes et genres

La force de l'inconscient

- exploration de tous les aspects de la pensée : rêve, folie, hallucination
- associations d'idées ou de mots dans la création artistique
- libération des contraintes par l'exploration de l'inconscient

André Breton, *Manifeste du surréalisme* (1924)

> « SURRÉALISME, n. m. Automatisme psychique pur par lequel on se propose d'exprimer, soit verbalement, soit par écrit, soit de toute autre manière, le fonctionnement réel de la pensée. »

Une écriture libérée

- pratique d'une écriture automatique, libérée des filtres de la raison
- jeux poétiques et créations collectives (« cadavres exquis »)
- refus de la frontière entre genres (récit, poésie) et arts (littérature, peinture, cinéma...)
- le hasard, étape essentielle du processus créatif

Philippe Soupault, *Les Champs magnétiques* (1919)
Max Ernst, *Une semaine de bonté* (1934) : « roman collage » où des images expriment des « poèmes visibles »

Le rôle des images

- remettre en cause la perception et la compréhension du monde par les images
- supprimer le lien logique entre comparé et comparant
- susciter la réflexion et l'imagination du lecteur

Louis Aragon, *Le Paysan de Paris* (1926)
André Breton, *Clair de terre* (1923)

Une poésie de l'insolite

- faits insolites, coïncidences étranges
- goût de l'inattendu, de l'imaginaire
- introduction de l'étrange, du merveilleux, du fantastique au cœur du quotidien (ville moderne)
- descriptions de rêves et de fantasmes

André Breton, *Nadja* (1928)
Robert Desnos, *Corps et biens* (1930)

L'« amour fou »

- expression de l'amour dans toute sa sensualité
- réinvention du blason du corps féminin
- célébration de la femme, muse de l'artiste

Paul Eluard, *Capitale de la douleur* (1926)
André Breton, *L'Amour fou* (1937)

Carnet de lecture

Œuvre(s)/texte(s) surréaliste(s) lu(e)s :

....

....

....

Ce que j'ai retenu :

....

....

....

Phrases qui ont retenu mon attention :

....

....

....

Ce que j'ai aimé / Ce que je n'ai pas aimé :

....

....

....

Repérer et analyser les principes du mouvement

1 Rendre sa place à l'imagination

André Breton, *Manifestes du surréalisme* (1924)

Sous couleur de civilisation, sous prétexte de progrès, on est parvenu à bannir de l'esprit tout ce qui se peut taxer à tort ou à raison de superstition, de chimère, à proscrire tout mode de recherche de la vérité qui n'est pas conforme à l'usage. […] L'imagination est peut-être sur le point de reprendre ses droits. Si les profondeurs de notre esprit recèlent d'étranges forces capables d'augmenter celles de la surface, ou de lutter victorieusement contre elles, il y a tout intérêt à les capter, à les capter d'abord, pour les soumettre ensuite, s'il y a lieu, au contrôle de notre raison.

a. Que veut réhabiliter André Breton ? Justifiez votre réponse en citant le texte.

....

....

....

....

....

b. Que faut-il « capter », selon l'auteur ?

....

....

....

....

2 Le « stupéfiant image »

Louis Aragon, *Le Paysan de Paris* (1926)

Le vice appelé Surréalisme est l'emploi déréglé et passionnel du stupéfiant image, ou plutôt de la provocation sans contrôle de l'image pour elle-même et pour ce qu'elle entraîne dans le domaine de la représentation de perturbations imprévisibles et de métamorphoses : car chaque image à chaque coup vous force à réviser tout l'Univers. Et il y a pour chaque homme une image à trouver qui anéantit tout l'Univers.

a. Comment le Surréalisme emploie-t-il les images ? Justifiez votre réponse en citant le texte.

....

....

....

....

....

b. Dans quel but les images sont-elles employées ? Quelle figure de style l'auteur emploie-t-il pour présenter ce but ?

....

....

....

....

....

....

3 L'expression de l'« amour fou »

Paul Eluard, « L'amoureuse », *Capitale de la douleur* (1926)

Elle est debout sur mes paupières
Et ses cheveux sont dans les miens,
Elle a la forme de mes mains,
Elle a la couleur de mes yeux,
Elle s'engloutit dans mon ombre
Comme une pierre sur le ciel. […]

a. Surlignez le pronom *elle*. Quelle figure de style repérez-vous ? Quelle vision de la femme donne-t-elle ?

....

....

....

b. Soulignez les prépositions et les déterminants possessifs. À qui ces derniers renvoient-ils ?

....

....

c. Quelle vision le poète donne-t-il de sa relation avec la femme aimée ? Répondez en commentant les éléments soulignés dans la question **b**.

....

....

....

....

....

....

....

Analyser les caractéristiques d'écriture des genres

4 Entre récit et poésie

André Breton, « Cinq rêves - I », *Clair de terre* (1923)

J'étais assis dans le métropolitain en face d'une femme que je n'avais pas autrement remarquée, lorsqu'à l'arrêt du train elle se leva et dit en me regardant : « Vie végétative ». J'hésitai un instant, on était à la station Trocadéro, puis je me levai, décidé à la suivre.
Au haut de l'escalier nous étions dans une immense prairie sur laquelle tombait un jour verdâtre, extrêmement dur, de fin d'après-midi. La femme avançait dans la prairie sans se retourner et bientôt un personnage très inquiétant, d'allure athlétique et coiffé d'une casquette, vint à sa rencontre […].

a. Quelles sont les caractéristiques du récit traditionnel présentes dans ce texte ? Justifiez votre réponse.

....

....

....

....

....

....

....

b. Quels éléments semblent surprenants et introduisent une note poétique dans le récit ?

....

....

....

....

5 Une écriture libérée

Philippe Soupault, *Westwego* (1922)

Le poète erre dans les rues de Paris au petit matin.

[…] Les marchands de tapis et les belles demoiselles
qui traînent la nuit dans les rues
ceux qui gardent dans les yeux la douceur des lampes
ceux à qui la fumée d'une pipe et le verre de vin
semblent tout de même un peu fades
me connaissent sans savoir mon nom
et me disent en passant Bonjour vous
et cependant il y a dans ma poitrine
des petits soleils qui tournent avec un bruit de plomb
grand géant du boulevard
homme tendre du palais de justice
la foudre est-elle plus jolie au printemps […]

Quelles libertés le poète prend-il avec la versification et les conventions d'écriture ? Quel est l'effet produit ? Justifiez votre réponse.

....

....

....

....

....

....

....

....

Repérer et analyser des figures de style

6 L'oxymore

Robert Desnos, « Un jour qu'il faisait nuit », *Corps et biens* (1930)

Un jour qu'il faisait nuit
Il s'envola au fond de la rivière.
Les pierres en bois d'ébène, les fils de fer en or et la croix sans branche.
Tout rien.
Je la hais d'amour comme tout un chacun.
Le mort respirait de grandes bouffées de vide.
Le compas traçait des carrés et des triangles à cinq côtés.
Après cela il descendit au grenier.
Les étoiles de midi resplendissaient.

a. Comment les oxymores de ce texte sont-ils composés (nature et fonction des mots) ? Quel effet est produit par leur emploi ?

....

....

....

....

....

....

....

....

b. À votre tour, fabriquez des oxymores surréalistes.

....

....

....

Confronter une œuvre à son contexte

7 La révolution surréaliste

Antonin Artaud, *Déclaration du 27 janvier 1925*

Ce texte est extrait d'un tract probablement rédigé par Artaud et signé par plusieurs auteurs, dont Breton, Aragon et Eluard.

1° Nous n'avons rien à voir avec la littérature, mais nous sommes très capables, au besoin, de nous en servir comme tout le monde. […]
3° Nous sommes bien décidés à faire une Révolution.
5° Nous ne prétendons rien changer aux mœurs des hommes, mais nous pensons bien leur démontrer la fragilité de leurs pensées, et sur quelles assises mouvantes, sur quelles caves, ils ont fixé leurs tremblantes maisons. […]
6° Nous lançons à la Société cet avertissement solennel : qu'elle fasse attention à ses écarts, à chacun des faux pas de son esprit nous ne la raterons pas.

a. Soulignez les formules provocatrices. À quoi Artaud s'attaque-t-il ?

....

....

....

b. Quel est, selon l'auteur, l'objectif de la révolution surréaliste ?

....

....

....

....

....

....

31

XXe siècle

La littérature engagée et l'Absurde

Origines des mouvements

- **Des mouvements** nés en réaction aux guerres mondiales et aux totalitarismes du XXe siècle
- **Un contexte économique et social** : révoltes populaires, révolution russe (1917), crise du capitalisme (1929), Front populaire (1936)
- **Une remise en question** d'une civilisation capable d'engendrer les horreurs de la guerre
- **Des buts** : s'interroger sur l'absurdité du monde et de l'existence, sur la part de liberté et de responsabilité de l'individu ; questionner le langage, les codes sociaux, les relations humaines

Albert Camus lisant le journal *En avant !* en 1945.

Idées, thèmes et genres

La condition humaine

- constat du vide de l'existence, de l'impuissance de l'être (philosophie existentialiste de Sartre)
- questionnement sur l'absurdité de la condition humaine
- interrogation sur la liberté

Jean-Paul Sartre, *L'Être et le Néant* (1943)
Albert Camus, *Caligula* (1938), *Le Mythe de Sisyphe* (1942)

L'engagement dans l'écriture

- l'écriture comme acte de résistance
- révolte de l'individu devant l'absurdité du monde (Camus)
- la poésie comme expression de la liberté face au pouvoir
- mise en scène de la violence sociale ou du pouvoir politique pour mieux les dénoncer
- engagement politique (contre les totalitarismes ou la colonisation, pour la Résistance...)

Jean-Paul Sartre, *Les Mouches* (1943), *Les Mains sales* (1948)
Jean Anouilh, *Antigone* (1944)
Jean Genet, *Les Bonnes* (1947)
Albert Camus, *Les Justes* (1949)

« J'ai compris qu'il ne suffisait pas de dénoncer l'injustice, il fallait donner sa vie pour la combattre »

Le théâtre de l'Absurde

- traitement comique, grotesque de sujets graves (tragique de la condition humaine)
- fin du personnage, du réalisme et de l'action
- dérèglement de l'espace et du temps
- déconstruction du langage, inventions verbales...

Samuel Beckett, *En attendant Godot* (1949)
Eugène Ionesco, *La Cantatrice chauve* (1950)

Le roman existentialiste et engagé

- récits de vies inutiles et dénuées de sens
- romans engagés contre le nazisme et le fascisme
- appel à la fraternité des hommes

André Malraux, *La Condition humaine* (1933)
Jean-Paul Sartre, *La Nausée* (1938)
Albert Camus, *L'Étranger* (1942), *La Peste* (1947)

La poésie de la Résistance

- poésie de combat qui appelle à la lutte
- célébration de la France libre

Paul Eluard, « Liberté » (1942)
Louis Aragon, « La Rose et le Réséda » (1943)

Carnet de lecture

Œuvre(s)/texte(s) engagés ou de l'Absurde lu(e)s :

....

Ce que j'ai retenu :

....

Phrases qui ont retenu mon attention :

....

Ce que j'ai aimé / Ce que je n'ai pas aimé :

....

Repérer et analyser les principes des mouvements

1 L'influence de l'existentialisme

Jean-Paul Sartre, *L'existentialisme est un humanisme* (1945)

L'homme, tel que le conçoit l'existentialisme, s'il n'est pas définissable, c'est qu'il n'est d'abord rien. Il ne sera qu'ensuite, et il sera tel qu'il se sera fait. Ainsi, il n'y a pas de nature humaine, puisqu'il n'y a pas de Dieu pour la concevoir. L'homme est seulement, non seulement tel qu'il se conçoit, mais tel qu'il se veut, et comme il se conçoit après l'existence, comme il se veut après cet élan vers l'existence ; l'homme n'est rien d'autre que ce qu'il se fait. Tel est le premier principe de l'existentialisme. […] L'homme est d'abord un projet qui se vit subjectivement, au lieu d'être une mousse, une pourriture ou un chou-fleur ; rien n'existe préalablement à ce projet ; rien n'est au ciel intelligible, et l'homme sera d'abord ce qu'il aura projeté d'être. Non pas ce qu'il voudra être.

a. Pour chaque paragraphe, soulignez la phrase qui définit le principe qu'explique Sartre.

b. Reformulez les deux principes ainsi expliqués.

2 Le combat contre les totalitarismes

Albert Camus, *La Peste* (1947)

Des rats déclenchent une épidémie de peste dans la ville d'Oran. Rieux, médecin, lutte contre la maladie. Voici la fin du roman.

Écoutant, en effet, les cris d'allégresse qui montaient de la ville, Rieux se souvenait que cette allégresse était toujours menacée. Car il savait que cette foule en joie ignorait, et qu'on peut lire dans les livres, que le bacille de la peste ne meurt ni ne disparaît jamais, qu'il peut rester pendant des dizaines d'années endormi dans les meubles et le linge, qu'il attend patiemment dans les chambres, les caves, les malles, les mouchoirs et les paperasses, et que, peut-être, le jour viendrait où, pour le malheur et l'enseignement des hommes, la peste réveillerait ses rats et les enverrait mourir dans une cité heureuse.

a. Observez la date du roman et cherchez le sens de l'expression « peste brune ». De quoi la peste peut-elle être l'allégorie ?

b. Soulignez le passage qui décrit la peste. Pourquoi une si longue phrase ? Quelle mise en garde nous donne l'écrivain ?

Analyser les caractéristiques d'écriture des genres

3 Le théâtre de l'Absurde : le rejet des conventions

Eugène Ionesco, *Le roi se meurt* (1962)

Le Garde, *annonçant.* – Sa majesté, le Roi Bérenger Ier. Vive le Roi !

Le Roi, d'un pas assez vif, manteau de pourpre, couronne sur la tête, sceptre en main, traverse le plateau en entrant par la petite porte de gauche et sort par la porte de droite au fond.

Le Garde, *annonçant.* – Sa Majesté, la reine Marguerite, première épouse du Roi, suivie de Juliette, femme de ménage et infirmière de Leurs Majestés. Vive la Reine !

Marguerite, suivie de Juliette, entre par la porte à droite premier plan et sort par la grande porte.

Le Garde, *annonçant.* – Sa Majesté, la reine Marie, seconde épouse du Roi, première dans son cœur, suivie de Juliette, femme de ménage et infirmière de Leurs Majestés. Vive la Reine !

La reine Marie, suivie de Juliette, entre par la grande porte à gauche et sort avec Juliette par la porte à droite premier plan.

[…] *(Le Garde reste silencieux quelques moments. Il a l'air fatigué. Il pose sa hallebarde contre le mur, souffle dans ses mains pour les réchauffer.)* Pourtant, c'est l'heure où il doit faire chaud. Chauffage, allume-toi. Rien à faire, ça ne marche pas.

a. Repérez les éléments qui renvoient au théâtre classique.

b. Relevez les éléments qui vous semblent incongrus.

c. Observez cette photographie de mise en scène.

Le Roi se meurt d'Eugène Ionesco, mise en scène de Cédric Dorier au théâtre du Carouge, 2019. Le roi Bérenger Ier vieillit à vue d'œil et refuse de mourir. Son château tombe en ruines et les personnages sont défraîchis.

À partir du décor, des costumes et du jeu des comédiens, retrouvez les thèmes du théâtre de l'absurde.

Repérer et analyser des figures de style

4 La répétition

Samuel Beckett, *Fin de partie* (1952)

Clov, *regard fixe, voix blanche.* – Fini, c'est fini, ça va finir, ça va peut-être finir. *(Un temps.)* Les grains[1] s'ajoutent aux grains, un à un, et un jour, soudain, c'est un tas, un petit tas, l'impossible tas. *(Un temps.)* On ne peut plus me punir. *(Un temps.)* Je m'en vais dans ma cuisine, trois mètres sur trois mètres sur trois mètres, attendre qu'il me siffle. *(Un temps.)* Ce sont de jolies dimensions, je m'appuierai à la table, je regarderai le mur, en attendant qu'il me siffle.

1. d'un sablier.

a. Soulignez tous les mots qui sont répétés (ou leurs variantes). Quelles figures de style liées à la répétition sont présentes dans cette réplique ?

b. Quelle atmosphère créent-elles ?

Confronter une œuvre à son contexte

5 La poésie engagée contre le racisme

Léopold Sédar Senghor, *Aux Tirailleurs sénégalais morts pour la France* (1938)

[…] On fleurit les tombes, on réchauffe le Soldat inconnu.
Vous, mes frères obscurs, personne ne vous nomme.
On vous promet 500 000 de vos enfants à la gloire des futurs morts, on les remercie d'avance, futurs morts obscurs
Die schwarze Schande[1] !

Écoutez-moi, Tirailleurs sénégalais, dans la solitude de la terre noire et de la mort
Dans votre solitude sans yeux, sans oreilles, plus que dans ma peau sombre au fond de la Province
Sans même la chaleur de vos camarades couchés tout contre vous, comme jadis dans la tranchée, jadis dans les palabres du village
Écoutez-moi, tirailleurs à la peau noire, bien que sans oreilles et sans yeux dans votre triple enceinte de nuit.

1. « la Honte Noire » en allemand : propagande raciste déclenchée par l'Allemagne à partir de 1920 à l'encontre des troupes coloniales françaises (soldats sénégalais, marocains et malgaches) stationnées à l'ouest de l'Allemagne.

a. De quel événement historique le poème parle-t-il ?

b. Soulignez les occurrences du mot « noir » et de ses synonymes. Ont-ils toujours le même sens ? Pourquoi ?

c. Par quels procédés le poète rend-il hommage aux soldats sénégalais oubliés ?

Le Nouveau Roman

32

Origines du mouvement

- **Une aventure collective,** celle de jeunes auteurs rompant avec le roman réaliste pour s'engager dans et par l'écriture
- **Un mouvement** qui revendique le caractère essentiel du regard
- **Un principe** : l'expérimentation de formes nouvelles pour saisir la réalité autrement
- **Des buts** : inscrire dans l'écriture la complexité de l'homme et du monde contemporain

Femmes à une terrasse de café, photographie de Maurice-Louis Branger, 1re moitié du XXe siècle.

Idées et thèmes

La nouvelle logique narrative

- refus de l'intrigue linéaire, chronologie bouleversée
- fragmentation du récit
- contestation des codes de la description réaliste

Marguerite Duras, *Moderato cantabile* (1958)
Georges Perec, *La Vie mode d'emploi* (1978)

La mort du personnage

- disparition de la figure du héros
- anonymat ou identité incertaine des personnages
- données psychologiques fragmentaires
- omniprésence des objets

Alain Robbe-Grillet, *La Jalousie* (1957)
Nathalie Sarraute, *Le Planétarium* (1959)

Le nouveau pacte de lecture

- effacement du narrateur
- enregistrement précis des perceptions
- retranscription du cheminement de la mémoire
- implication du lecteur qui doit construire le sens

Michel Butor, *La Modification* (1957)
Claude Simon, *Les Géorgiques* (1981)

Le rôle central de l'écriture

- rejet des codes de l'écriture réaliste
- volonté de faire de l'écriture le sujet du roman
- expérimentations formelles
- exploitation des ressources du langage

Nathalie Sarraute, *L'Ère du soupçon, essais sur le roman* (1956)
Claude Simon, *La Route des Flandres* (1960)
Jean Ricardou, *Problèmes du Nouveau Roman* (1967)

> « Le roman est moins l'écriture d'une aventure que l'aventure d'une écriture »

Le roman : une théorie en action

- évolution constante des formes d'écriture
- prise en charge d'une réflexion sur l'écriture par les romanciers eux-mêmes
- liens étroits avec les auteurs de la Nouvelle Critique
- engagement dans d'autres arts comme le cinéma

Roland Barthes, *Essais critiques* (1964)
Alain Robbe-Grillet, *Pour un nouveau roman* (1972)

Carnet de lecture

Œuvre(s)/texte(s) appartenant au Nouveau Roman lu(e)s :
....
....
....

Ce que j'ai retenu :
....
....
....

Phrases qui ont retenu mon attention :
....
....
....

Ce que j'ai aimé / Ce que je n'ai pas aimé :
....
....
....

Repérer et analyser les principes du mouvement

1 La rupture avec le réalisme

Alain Robbe-Grillet, « Sur quelques notions périmées : le personnage », *Pour un nouveau roman* (1963)

Nous en a-t-on assez parlé du « personnage » ! Et ça ne semble, hélas, pas près de finir. Cinquante années de maladie, le constat de son décès enregistré à maintes reprises par les plus sérieux essayistes, rien n'a encore réussi à le faire tomber du piédestal où l'avait placé le XIXe siècle. C'est une momie à présent, mais qui trône toujours avec la même majesté quoique postiche au milieu des valeurs que révère la critique traditionnelle. C'est même là qu'elle reconnaît le « vrai » romancier : « il crée des personnages »… […] En fait, les créateurs de personnages, au sens traditionnel, ne réussissent plus à nous proposer que des fantoches auxquels eux-mêmes ont cessé de croire. Le roman de personnages appartient bel et bien au passé, il caractérise une époque : celle qui marqua l'apogée de l'individu.

a. Par quels procédés le rejet du personnage de roman se manifeste-t-il ?

....

....

....

....

....

b. Pourquoi la notion de personnage est-elle périmée ?

....

....

....

2 Une écriture de la conscience

Nathalie Sarraute, *L'Ère du soupçon, Essais sur le roman* (1956)

Nathalie Sarraute revient sur la définition du terme « tropismes ».

Ce sont des mouvements indéfinissables, qui glissent très rapidement aux limites de notre conscience ; ils sont à l'origine de nos gestes, de nos paroles, des sentiments que nous manifestons, que nous croyons éprouver et qu'il est possible de définir. […] Comme, tandis que nous accomplissons ces mouvements, aucun mot – pas même les mots du monologue intérieur – ne les exprime, car ils se développent en nous et s'évanouissent avec une rapidité extrême, sans que nous percevions clairement ce qu'ils sont, produisant en nous des sensations souvent très intenses, mais brèves, il n'était possible de les communiquer au lecteur que par des images qui en donnent des équivalents et lui fassent éprouver des sensations analogues. Il fallait aussi décomposer ces mouvements et les faire se déployer dans la conscience du lecteur à la manière d'un film au ralenti. Le temps n'était plus celui de la vie réelle, mais celui d'un présent démesurément agrandi. Leur déploiement constitue de véritables drames qui se dissimulent derrière les conversations les plus banales, les gestes les plus quotidiens.

a. Soulignez les termes qui expriment la difficulté à percevoir « ces mouvements indéfinissables » que sont les tropismes.

b. Par quels procédés Nathalie Sarraute propose-t-elle de les « communiquer au lecteur » ?

....

....

....

....

....

Analyser les caractéristiques d'écriture des genres

3 L'évocation de scènes banales

Nathalie Sarraute, *Tropismes* (1957)

Elles allaient dans des thés[1]. Elles restaient là, assises pendant des heures, pendant que des après-midis entières s'écoulaient. Elles parlaient : « Il y a entre eux des scènes lamentables, des disputes à propos de rien. Je dois dire que c'est lui que je plains dans tout cela quand même. Combien ? Mais au moins deux millions. Et rien que l'héritage de la tante Joséphine… Non… Comment voulez-vous ? Il ne l'épousera pas. C'est une femme d'intérieur qu'il lui faut, il ne s'en rend pas compte lui-même. Mais non, je vous le dis. C'est une femme d'intérieur qu'il lui faut… D'intérieur… D'intérieur. » On le leur avait toujours dit. Cela, elles l'avaient bien toujours entendu dire, elles le savaient : les sentiments, l'amour, la vie, c'était là leur domaine. Il leur appartenait.

1. salons de thé.

a. Soulignez les indices qui révèlent le caractère banal et répétitif des « scènes de thé », puis dites quels procédés sont employés.

....

....

....

b. Comment la conversation est-elle rapportée dans le texte ? Quel effet produit cette écriture du dialogue ?

....

....

....

....

....

....

c. Quelle représentation du mariage peut-on lire dans cette conversation ?

....

....

....

....

4 Le rôle de la description

Alain Robbe-Grillet, *La Jalousie* (1957)

Le narrateur et sa femme, A…, reçoivent leur voisin, Franck.

C'est elle-même qui a disposé les fauteuils, ce soir, quand elle les a fait apporter sur la terrasse. Celui qu'elle a désigné à Franck et le sien se trouvent côte à côte, contre le mur de la maison – le dos au mur évidemment – sous la fenêtre du bureau. Elle a ainsi le fauteuil de Franck à sa gauche, et sur la droite – mais plus en avant – la petite table où sont les bouteilles. Les deux autres fauteuils sont placés de l'autre côté de cette table, davantage encore vers la droite, de manière à ne pas intercepter la vue entre les deux premiers et la balustrade de la terrasse. Pour la même raison de « vue », ces deux derniers fauteuils ne sont pas tournés vers le reste du groupe : ils ont été mis de biais, orientés obliquement vers la balustrade à jours et l'amont de la vallée. Cette disposition oblige les personnes qui s'y trouvent assises à de fortes rotations de tête vers la gauche, si elles veulent apercevoir A… – surtout en ce qui concerne le quatrième fauteuil, le plus éloigné.

a. Surlignez les indications de lieu. Permettent-elles de réaliser un plan de la scène ? Qu'en déduisez-vous sur l'organisation de la description ?

……………………………………………………………

……………………………………………………………

……………………………………………………………

……………………………………………………………

b. Comment le narrateur interprète-t-il la disposition des fauteuils choisie par A... ? Justifiez votre réponse.

……………………………………………………………

……………………………………………………………

……………………………………………………………

……………………………………………………………

……………………………………………………………

……………………………………………………………

Repérer et analyser les figures de style

5 Expérimentations stylistiques

Claude Simon, *La Route des Flandres* (1960)

Quatre soldats français, dont le narrateur, sont emmenés en train vers l'Allemagne, à la suite de la débâcle de 1940.

Maintenant nous étions couchés dans le noir c'est-à-dire imbriqués entassés au point de ne pas pouvoir bouger un bras ou une jambe sans rencontrer ou plutôt sans demander la permission à un autre bras ou à une autre jambe, étouffant, la sueur ruisselant sur nous […]. Et je pouvais les sentir les deviner grouillant rampant lentement les uns sur les autres comme des reptiles dans la suffocante odeur de déjections et de sueur, cherchant à me rappeler depuis combien de temps nous étions dans ce train un jour et une nuit ou une nuit un jour et une nuit mais cela n'avait aucun sens le temps n'existe pas Quelle heure est-il dis-je est-ce que tu peux réussir à voir l', Bon sang dit-il qu'est-ce que ça peut foutre qu'est-ce que ça changera quand il fera jour tu tiens à voir nos sales gueules de lâches de vaincus […].

a. Que traduisent les éléments du texte surlignés en vert ?

……………………………………………………………

……………………………………………………………

……………………………………………………………

……………………………………………………………

……………………………………………………………

b. Que signalent les indices surlignés en orange ?

……………………………………………………………

……………………………………………………………

c. Par quels procédés le narrateur montre-t-il que « le temps n'existe pas » ?

……………………………………………………………

……………………………………………………………

……………………………………………………………

……………………………………………………………

……………………………………………………………

……………………………………………………………

Confronter une œuvre à son contexte

6 Une jeunesse désenchantée

Georges Perec, *Les Choses* (1965)

Un jeune couple, « ils », qui vit à Paris, trouve la vie monotone et rêve d'avoir toujours plus de « choses ».

[…] ils n'auraient su dire exactement ce qui avait changé avec la fin de la guerre. Il leur sembla longtemps que la seule impression qu'ils pouvaient ressentir était celle d'un achèvement, d'une fin, d'une conclusion. Non pas un happy end, non pas un coup de théâtre, mais, au contraire, une fin languissante, mélancolique, laissant derrière elle un sentiment de vide, d'amertume, noyant dans l'ombre les souvenirs. Du temps s'était traîné, s'était enfui ; un âge était révolu ; la paix était revenue, une paix qu'ils n'avaient jamais connue ; la guerre s'achevait. Sept années d'un seul coup basculaient dans le passé : leurs années d'étudiants, les années de leurs rencontres, les meilleures années de leur vie.

a. Relevez dans le texte et le paratexte les éléments qui permettent de situer historiquement l'extrait.

……………………………………………………………

……………………………………………………………

……………………………………………………………

b. Soulignez les termes qui évoquent les sentiments des personnages : en quoi peuvent-ils sembler étonnants ? Justifiez votre réponse.

……………………………………………………………

……………………………………………………………

……………………………………………………………

……………………………………………………………

……………………………………………………………

……………………………………………………………

XXe-XXIe siècles

33 Le roman contemporain

Origines du mouvement

- **Des auteurs qui explorent toutes les formes romanesques** et souvent justifient leurs choix : roman social, historique, policier, voire graphique, autobiographie et autofiction
- **Un principe** : inscrire l'écriture du roman dans l'Histoire, dans la réalité sociale et politique du monde actuel
- **Des buts** : interroger les rapports entre mémoire personnelle et histoire collective, témoigner des problématiques contemporaines, « comprendre le monde » (M. Kundera)

Dayla de Medina, Djibril Vancoppenolle et Jean-Paul Rouve dans *Petit Pays*, film d'Éric Barbier, adapté du roman de Gaël Faye.

Idées et thèmes

L'importance accordée à l'Histoire

- importance de l'archive et de l'enquête généalogique
- interaction entre fiction et documentation historique
- quête de sens et de vérité
- souvent, présence d'un narrateur qui commente sa documentation et son projet d'écriture

Laurent Binet, *HHhH* (2010)
Ivan Jablonka, *Histoire des grands-parents que je n'ai pas eus* (2012)

Les nouvelles formes de l'autobiographie

- détour par la fiction pour traduire une blessure intime originelle
- autobiographie sociologique pour comprendre un parcours social
- quête des origines pour combler un vide douloureux
- intégration au récit de supports variés, telles les photographies

Patrick Modiano, *Rue des boutiques obscures* (1978)
Annie Ernaux, *La Place* (1983), *Une femme* (1988)

« Il fallait que ma mère, née dans un milieu dominé, dont elle a voulu sortir, devienne histoire, pour que je me sente moins seule et factice dans le monde dominant des mots et des idées où, selon son désir, je suis passée. »

La société et ses valeurs en question

- analyse de situations du monde contemporain
- volonté de donner une voix aux exclus
- remise en question d'une société matérialiste
- fictions tirées de faits réels

Laurent Gaudé, *Eldorado* (2006)
Maylis de Kerangal, *Réparer les vivants* (2014)

Ouverture du roman au numérique

- pratiques d'autoédition
- pratiques d'écritures collaboratives
- formes hybrides avec interaction d'images et de sons
- publication numérique ouvrant à de nouveaux échanges avec le lecteur

François Bon et son blog, « Le Tiers Livre »

Carnet de lecture

Œuvre(s)/texte(s) romanesques contemporains lu(e)s :
....
....
....

Ce que j'ai retenu :
....
....
....

Phrases qui ont retenu mon attention :
....
....
....

Ce que j'ai aimé / Ce que je n'ai pas aimé :
....
....
....

Repérer et analyser les principes du mouvement

1 Le roman face à l'Histoire

Gianfranco Rubino et Dominique Viart, *Le Roman contemporain français face à l'Histoire* (2014)

Les romanciers ne se satisfont plus de raconter : ils suspectent, ils enquêtent, multiplient leurs approches. Et leurs œuvres diffèrent par bien des aspects, formels et thématiques, du roman historique en vogue au XIXe siècle. Dans le même temps, nombre d'historiens s'interrogent sur l'instance narrative[1], la forme du récit et sur les usages scientifiques[2] de la fiction littéraire. À la confluence de ces mouvements se déploie la fortune[3] de ce qu'on pourrait appeler des romans historiens, pour lesquels l'Histoire, les événements aussi bien que la manière de les écrire, devient elle-même une question partagée.

1. le choix du narrateur. 2. expression qui fait référence à l'Histoire en tant que science humaine. 3. le succès.

a. Soulignez les deux phrases qui montrent que les romanciers ont emprunté aux historiens leur méthode et que, réciproquement, les historiens suivent les démarches des romanciers.

b. Quelles sont les caractéristiques du « roman historien » ?

....

....

....

2 L'autobiographie sociologique

Annie Ernaux, *Journal du dehors* (1993)

D'autres fois, j'ai retrouvé des gestes et des phrases de ma mère dans une femme attendant à la caisse du supermarché. C'est donc au dehors, dans les passagers du métro ou du R.E.R., les gens qui empruntent l'escalator des Galeries Lafayette et d'Auchan qu'est déposée mon existence passée. Dans des individus anonymes qui ne soupçonnent pas qu'ils détiennent une part de mon histoire, dans des visages, des corps, que je ne revois jamais. Sans doute suis-je moi-même dans la foule des rues et des magasins, porteuse de la vie des autres.

a. Qu'ont en commun les éléments du texte surlignés en orange ? ceux surlignés en vert ?

....

....

....

....

....

....

....

....

....

b. En quoi le lien entre ces éléments permet-il de comprendre le titre du livre d'Annie Ernaux ?

....

....

....

....

....

c. Quel est, selon vous, son projet d'écriture ?

....

....

....

Analyser les caractéristiques d'écriture des genres

3 Le romancier enquêteur

Patrick Modiano, *Dora Bruder* (1997)

L'avis de recherche d'une jeune fugueuse, datant du 31 décembre 1941, engage Patrick Modiano dans l'écriture d'un roman, Dora Bruder. *Il y reconstitue la déportation en 1942 de Dora Bruder à Auschwitz.*

J'ai pu obtenir il y a quelques mois une photo de Dora Bruder, qui tranche sur celles que j'avais déjà rassemblées. Sans doute la dernière qui a été prise d'elle. Son visage et son allure n'ont plus rien de l'enfance qui se reflétait dans toutes les photos précédentes à travers le regard, la rondeur des joues, la robe blanche d'un jour de distribution des prix… Je ne sais pas à quelle date a été prise cette photo. Certainement en 1941, l'année où Dora était pensionnaire au Saint-Cœur-de-Marie, ou bien au début du printemps 1942, quand elle est revenue, après sa fugue de décembre, boulevard Ornano.

a. Soulignez les informations qui indiquent que l'écrivain s'est constitué un dossier d'enquête.

b. Sur quels indices de la photographie se fonde-t-il pour formuler des hypothèses ?

....

....

....

....

c. En quoi la photographie est-elle également source d'émotion ?

....

....

....

....

....

....

....

4 Héros de l'Histoire ou personnage romanesque ?

Laurent Binet, *HHhH* (2010)

L'auteur-narrateur présente Gabcik, son personnage. Ce résistant tchécoslovaque va participer à l'assassinat d'Heydrich, un général nazi.

Gabcík, lui, a donc vraiment existé, et c'était bel et bien à ce nom qu'il répondait (quoique pas toujours). Son histoire est tout aussi vraie qu'elle est exceptionnelle. Lui et ses camarades sont, à mes yeux, les auteurs d'un des plus grands actes de résistance de l'histoire humaine, et sans conteste du plus haut fait de résistance de la Seconde Guerre mondiale. Depuis longtemps, je souhaitais lui rendre hommage. Depuis longtemps, je le vois, allongé dans cette petite chambre, les volets clos, fenêtre ouverte, écouter le grincement du tramway qui s'arrête devant le Jardin botanique (dans quel sens ? Je ne sais pas). Mais si je couche cette image sur le papier, comme je suis sournoisement en train de le faire, je ne suis pas sûr de lui rendre hommage. Je réduis cet homme au rang de vulgaire personnage, et ses actes à de la littérature : alchimie infamante mais qu'y puis-je ? Je ne veux pas traîner cette vision toute ma vie sans avoir, au moins, essayé de la restituer.

a. Quels événements marquants de l'Histoire sont évoqués dans ce texte ?

....

....

....

b. À quels indices voit-on que l'écrivain est en quête de vérité ?

....

....

....

c. Quelle réflexion l'écrivain mène-t-il sur son projet et son travail d'écriture ? Justifiez votre réponse.

....

....

....

....

....

Repérer et analyser des figures de style

5 L'écriture du pathétique

Maylis de Kerangal, *Réparer les vivants* (2014)

Marianne est à l'hôpital, où Révol, médecin, lui donne des informations sur l'état de son fils qui vient d'avoir un accident de voiture.

Le silence enfle jusqu'à ce que Révol reprenne : je suis inquiet – sa voix le surprend, inexplicablement forte, comme si la tonalité s'était déréglée –, nous procédons en ce moment à des examens dont les premiers résultats ne sont pas bons – sa voix a beau bruiter un son inconnu à l'oreille de Marianne, et illico accélérer sa respiration, elle n'est pas enveloppante, ne sonne pas comme ces voix dégueulasses qui prétendent au réconfort quand elles poussent dans le charnier, elle désigne au contraire une place pour Marianne, une place et une ligne.

– Il s'agit d'un coma profond.

a. Surlignez dans le texte les paroles rapportées : comment l'information progresse-t-elle ? Pourquoi ?

....

....

....

....

b. Par quels procédés l'intensité de la communication entre les personnages, en ce moment crucial, est-elle rendue ?

....

....

....

....

....

Confronter une œuvre à son contexte

6 L'aventure numérique

Antoine Compagnon, « Tant qu'il y aura des romans » (2009)

Pour le journal Le Monde, *Antoine Compagnon répond à la question suivante : dans notre monde de plus en plus global, à quoi ressemblera le roman de l'avenir ?*

Pourquoi la littérature devrait-elle avoir peur de la technique ? La *Recherche*[1] est le roman de la bicyclette, du téléphone, de l'automobile et de l'avion. Proust était accroché au théâtrophone bien avant l'invention de l'iPod. En 1980, quand Barthes donnait son cours sur la préparation du roman, nous entrions à peine dans l'ère numérique, mais il appelait déjà de ses vœux un roman-album échappant au piège du récit. Il rêvait d'un roman polymorphe relevant de tous les genres et faisant appel à tous les sens. On n'en est qu'au début – *La Fiancée juive* de Jean Rouaud (Gallimard, 2008) est accompagné d'un CD –, mais on ne perd rien pour attendre.

1. *À la recherche du temps perdu*, roman de Marcel Proust.

a. Comment le numérique peut-il permettre au « roman polymorphe » rêvé par Barthes d'exister ?

....

....

....

....

b. Recherchez le site de François Bon, « Le Tiers Livre », et rendez-vous sur la page « journal photographique ». Quelles caractéristiques du genre du journal y retrouvez-vous ? En quoi la photographie et la diffusion numérique du journal renouvellent-elles le genre ?

....

....

....

....

....

....

XXe-XXIe siècles

La poésie depuis 1945

34

Origines du mouvement

- **Un contexte historique** : la Seconde Guerre mondiale, la décolonisation
- **Un contexte culturel** : des revues qui diffusent et publient des poètes aux parcours variés
- **Des principes** : une prise de distance avec les positions esthétiques et politiques du Surréalisme, des interrogations sur la force et le sens du langage
- **Des buts** : porter de nouvelles revendications, explorer le langage pour le célébrer, le réinventer ou le mettre à distance

Fernand Léger, illustration du poème « Liberté » de Paul Eluard, 1953, musée national d'Art moderne, centre Georges-Pompidou, Paris.

Idées et thèmes

Une poésie engagée

- s'engager pour réveiller les consciences (ex. : poésie de la Résistance)
- valoriser les cultures africaines et créoles, œuvrer pour l'indépendance des colonies : le courant de la négritude
- contester par l'humour et la dérision

Aimé Césaire, *Cahier d'un retour au pays natal* (1939)
Paul Eluard, *Les Sept Poèmes d'amour en guerre* (1943)
Louis Aragon, *La Diane française* (1944)
Léopold Sédar Senghor, *Chants d'ombre* (1945)
Jacques Prévert, *Paroles* (1946)

Une poésie sensible au banal, au quotidien

- poésie de l'objet qui accorde une grande place au trivial
- description de la ville au quotidien
- attention portée aux paysages les plus ordinaires

Francis Ponge, *Le Parti pris des choses* (1942)
Jacques Réda, *Les Ruines de Paris* (1977)
Yves Bonnefoy, *Les Planches courbes* (2001)

Une écriture libre et parfois ludique

- diversité des formes poétiques : formes fixes, vers libres, prose, fragments
- textes poétiques entre le carnet, le poème et le journal
- détournement des formes classiques, parfois parodique
- jeux avec les contraintes formelles (ex. : poèmes de l'OuLiPo)

Raymond Queneau, *Cent mille milliards de poèmes* (1961)
Jacques Réda, *Retour au calme* (1989) : formes versifiées

La permanence des thèmes lyriques

- thèmes traditionnels de l'amour et de la nature
- expérience du manque et du deuil
- lyrisme marqué par la simplicité
- pour certains auteurs, retour à une métrique presque classique

René-Guy Cadou, *Hélène ou le règne végétal* (1952-1953)
Saint-John Perse, *Amers* (1957)
Philippe Jaccottet, *Cahier de verdure* (1990)

Une réflexion sur le langage et l'écriture poétique

- méfiance de certains poètes envers l'emphase du lyrisme
- prise de conscience des limites du langage
- écriture réflexive qui s'interroge sur elle-même

Jean-Michel Maulpoix, *L'Instinct de ciel* (2000), *Pour un lyrisme critique* (2009)

Carnet de lecture

Œuvre(s)/texte(s) poétiques d'après 1945 lu(e)s :

....

Ce que j'ai retenu :

....

Phrases qui ont retenu mon attention :

....

Ce que j'ai aimé / Ce que je n'ai pas aimé :

....

▸ 34. La poésie depuis 1945

Repérer et analyser les principes du mouvement

1 Trouver sa voix poétique

Guillevic, « Mon poème n'est pas... », *Art poétique* (1989)

Mon poème n'est pas
Chose qui s'envole
Et fend l'air.
Il ne revient pas de la nue.

C'est tout juste si parfois
Il plane un court moment
Avant d'aller rejoindre
La profondeur terrestre.

a. Surlignez les négations dans la 1re strophe : comment Guillevic définit-il son poème ?

....

....

....

b. Comment cette idée est-elle reprise dans la 2de strophe ?

....

....

....

c. En quoi peut-on mettre en relation la longueur des vers avec la définition du poème ?

....

....

2 Un lyrisme distancié

Jean-Michel Maulpoix, *L'Instinct de ciel* (2000)

Ô muse anachronique ! la vie d'aujourd'hui est si peu faite pour croire à des choses !
J'ai raccroché la lyre, vendu le plectre, le hautbois et la boîte à musique. Finis les festins, les concerts, les flûtes et les couronnes de fleurs, les masques, les brodequins, les porte-voix et les clairons !
Le cheval a rendu ses ailes. Hippocrène a tari ses eaux. [...]

a. Comment le poète explique-t-il que la muse est devenue « anachronique » ?

....

....

....

....

b. Sur quoi les formes verbales insistent-elles ?

....

....

....

....

....

c. Quels procédés et références relient pourtant ce texte à la tradition lyrique ?

....

....

....

....

....

....

....

....

....

....

3 Les incertitudes de l'écriture

Andrée Chedid, « Épreuves du langage », IV, *Rythmes* (2003)

Que veut la Poésie
Qui dit
Sans vraiment dire
Qui dévoie la parole
Et multiplie l'horizon

Que cherche-t-elle
Devant les grilles
De l'indicible
Dont nous sommes
Fleur et racine
Mais jamais ne posséderons ?

a. Relevez les antithèses de la 1re strophe : que disent-elles de la poésie ?

....

....

....

....

....

....

....

....

....

b. Dans la 2de strophe, soulignez les métaphores : laquelle renvoie à la poésie ?

....

....

....

....

c. À partir de vos réponses aux questions **a** et **b**, expliquez pourquoi la poétesse a recours aux phrases interrogatives.

....

....

....

Analyser les caractéristiques d'écriture des genres

4 Regarder autrement le quotidien

Francis Ponge, « Le papillon », *Le Parti pris des choses* (1942)

Lorsque le sucre élaboré dans les tiges surgit au fond des fleurs, comme des tasses mal lavées, – un grand effort se produit par terre d'où les papillons tout à coup prennent leur vol.
Mais comme chaque chenille eut la tête aveuglée et laissée noire, et le torse amaigri par la véritable explosion d'où les ailes symétriques flambèrent.
Dès lors le papillon erratique ne se pose plus qu'au hasard de sa course, ou tout comme.
Allumette volante, sa flamme n'est pas contagieuse. Et d'ailleurs, il arrive trop tard et ne peut que constater les fleurs écloses. N'importe : se conduisant en lampiste, il vérifie la provision d'huile de chacune. Il pose au sommet des fleurs la guenille atrophiée qu'il emporte et venge ainsi sa longue humiliation amorphe de chenille au pied des tiges.
Minuscule voilier des airs maltraité par le vent en pétale superfétatoire, il vagabonde au jardin.

a. Surlignez les noms et GN qui désignent le papillon ou une partie de son corps.

b. Quelle figure de style pouvez-vous identifier ? Quelle est la fonction de ce procédé ?

c. Cherchez l'étymologie de « humiliation ». Comment Ponge joue-t-il sur le sens de ce mot ?

d. Que remarquez-vous à propos des termes soulignés ?

Repérer et analyser des figures de style

5 Un appel à la résistance

Paul Eluard, *Les Sept Poèmes d'amour en guerre* (1943)

[…] Au nom des hommes en prison
Au nom des femmes déportées
Au nom de tous nos camarades
Martyrisés et massacrés
Pour n'avoir pas accepté l'ombre

Il nous faut drainer la colère
Et faire se lever le fer
Pour préserver l'image haute
Des innocents partout traqués
Et qui partout vont triompher.

a. Quelle figure de style est employée dans la 1re strophe ? Que met-elle en avant ?

b. En quoi la 2e strophe est-elle un appel à l'action ?

c. Quel mètre est employé par Eluard ? Pourquoi ?

6 La description

Aimé Césaire, *Carnet d'un retour au pays natal* (1946)

Au bout du petit matin, au-delà de mon père, de ma mère, la case gerçant d'ampoules, comme un pêcher tourmenté de la cloque, et le toit aminci, rapiécé de morceaux de bidon de pétrole, et ça fait des marais de rouillure dans la pâte grise sordide empuantie de la paille, et quand le vent siffle, ces disparates font bizarre le bruit, comme un crépitement de friture d'abord, puis comme un tison que l'on plonge dans l'eau avec la fumée des brindilles qui s'envole… Et le lit de planches d'où s'est levée ma race, tout entière ma race de ce lit de planches, avec ses pattes de caisses de Kérosine[1], comme s'il avait l'éléphantiasis[2] le lit, et sa peau de cabri, et ses feuilles de banane séchées, et ses haillons, une nostalgie de matelas le lit de ma grand-mère.

1. combustible utilisé pour les lampes à pétrole. 2. gonflement qui déforme une partie du corps.

a. Quelles figures de style sont employées dans les passages soulignés ? Quelle vision se dégage de la case où vit le poète ?

b. Par quels éléments lexicaux et stylistiques le poète présente-t-il la misère de la case ?

XXe-XXIe siècles

35 Le théâtre contemporain

Origines du mouvement

- **Une volonté** d'explorer de nouvelles voies après le théâtre de l'Absurde et engagé
- **Un contexte** de multiplication des théâtres (décentralisation culturelle), un désir d'indépendance des troupes
- **Des innovations techniques** : éclairage, arts numériques... permettant des créations spectaculaires
- **Un principe** : affirmer la liberté des troupes et du metteur en scène
- **Des buts** : libérer la création, toucher un large public, retrouver un travail sur le texte

Pierre-Louis Calixte, Catherine Ferran, Julie Sicard et Laurent Stocker dans *Juste la fin du monde* de Jean-Luc Lagarce, mis en scène par Michel Raskine, Comédie-Française, 2008.

Idées et thèmes

L'exploration verbale

- jeu sur le langage : dialogues loufoques, homophones, tics de langue...
- création de langues : fabrication de mots, jeu festif sur les sons
- dimension comique et satirique, mais aussi politique

Valère Novarina, *L'Atelier volant* (1974)
Roland Dubillard, *Les Diablogues* (1976)
Gildas Bourdet, *Le Saperleau* (1982)
Jean Tardieu, *La Comédie du langage* (1987)
Jean-Claude Grumberg, *Ça va ?* (2008)

L'espace scénique et le jeu de l'acteur

- développement des festivals pour un théâtre populaire (ex. : Avignon)
- développement du théâtre de rue (festival d'Aurillac)
- lieux originaux : entrepôts, gares, chapelles, etc., pour des espaces scéniques novateurs
- contact direct avec le public et vie de troupe (ex. : le Théâtre du Soleil)
- théâtre politique subversif qui fait participer le public
- insistance sur le travail du corps, du jeu de l'acteur

Valère Novarina, « Lettre aux acteurs » (1989)

> « jouer c'est avoir sous l'enveloppe de peau, l'pancréas, la rate, le vagin, le foie, le rein et les boyaux, [...] tout le corps sans nom, tout le corps caché, tout le corps sanglant, invisible, irrigué, réclamant, qui bouge dessous, qui s'ranime, qui parle. »

Augusto Boal, *Le Théâtre de l'opprimé* (1996)
Jacques Lecoq, *Le Corps poétique* (1997)
Ariane Mnouchkine et le Théâtre du Soleil, *Une chambre en Inde* (spectacle – 2016)

La République de Platon, lecture-spectacle mise en scène au festival d'Avignon, 2015.

Nous, l'Europe, banquet des peuples, spectacle écrit par Laurent Gaudé et mis en scène par Roland Auzet, festival d'Avignon, 2019. Le spectacle est joué à la fois par des comédiens et par cinquante amateurs.

Des textes qui explorent l'intime

- retour à un théâtre de texte, pour créer une poétique de la langue
- exploration de l'intime
- sujets universels : famille, désir, violence, maladie, mort
- retour aux textes antiques qui sont remis en scène
- réécritures de mythes ou de pièces classiques

Bernard-Marie Koltès, *Combat de nègre et de chiens* (1979)
Jean-Luc Lagarce, *Juste la fin du monde* (1990)
Joël Jouanneau, *Sous l'œil d'Œdipe* (2009)
Mohamed El Khatib, *Finir en beauté* (2016)

Des témoignages du monde contemporain

- interrogations sur les dérives du monde contemporain : argent, travail, exclusion
- théâtre documentaire
- témoignages sur des épisodes sanglants du XXe siècle (génocide rwandais, guerre du Liban)
- mises en scène du quotidien (vie des quartiers)

Jean-Claude Grumberg, *L'Atelier* (1979)
Collectif Groupov, *Rwanda 94* (2000)
Wajdi Mouawad, *Incendies* (2003)
Alexandra Badea, *Pulvérisés* (2012)
Ahmed Madani, *F(l)ammes* (2016)

Un renouvellement du spectacle théâtral

- l'interprétation du texte, véritable création du metteur en scène
- collaboration entre auteur et metteur en scène
- influence des innovations techniques : projecteurs programmés, caméra sur scène
- croisement des arts (arts plastiques, musique, danse, arts numériques...)
- écriture de plateau, création à partir de brouillons et d'improvisations
- théâtre participatif : mélange de comédiens et d'amateurs, interpellation du public

Thomas Vinterberg, Mogens Rukov, *Festen* (2003) : dans la mise en scène de Cyril Teste en 2017, la pièce, « performance filmique », est jouée, filmée et projetée en direct sous les yeux du public
Joël Pommerat, *Ça ira (1) : Fin de Louis* (2015)
Catherine Anne, *J'ai rêvé la révolution* (2018)
Laurent Gaudé, *Nous, l'Europe, banquet des peuples* (2019)

Carnet de lecture

Œuvre(s)/texte(s) de théâtre contemporain lu(e)s :

....

....

....

Ce que j'ai retenu :

....

....

....

Phrases qui ont retenu mon attention :

....

....

....

Ce que j'ai aimé / Ce que je n'ai pas aimé :

....

....

....

Repérer et analyser les principes du mouvement

1 Jouer avec les espaces et le temps

Pauline Bureau, *Sirènes* (2014)

– cuisine 1966 –

Annie attend à côté d'un téléphone. Elle attend longtemps. Le téléphone sonne ; elle sursaute, souffle pour se calmer, décroche.

Annie. – Oui. *(Silence.)* Non, je n'ai aucune nouvelle. Il n'est pas rentré. *(Silence.)* J'ai vérifié à Toulon, son bateau a accosté avant-hier. Il a embarqué. Je ne sais pas où il est. *(Silence.)* Oui, bien sûr, je te tiens au courant. Oui je te dis. Je raccroche, je ne veux pas occuper la ligne.

Hélène (enfant) entre.

Hélène. – C'était lui ?

Annie. – Non.

– concert 2013 –

Aurore est devant le public, elle chante. Au milieu du morceau, elle fait une fausse note.

Aurore. – Pardon.

Elle reprend. Mais sa voix ne sort pas comme avant. Elle est enrouée, cassée. Aurore chante de plus en plus doucement. Ne sort plus qu'un filet de voix. Puis plus rien. Elle chante en silence.

Noir.

– cuisine 1966 –

Annie et Hélène attendant à côté du téléphone. Elles n'en peuvent plus d'attendre.

– hôpital 2013 –

Aurore a la bouche grande ouverte. Un médecin filme ses cordes vocales.

Le Phoniatre. – Dites O. Un vrai O. C'est pas grave, dites-le quand même. A. A. Dites A. Détendez-vous. Elles sont impeccables, vos cordes vocales.

a. Repérez le nombre d'espaces et d'époques différents et les personnages qui y évoluent.

....

....

....

....

....

....

b. Que remarquez-vous quant à la construction de ce passage ? En quoi cette construction est-elle influencée par le cinéma ? Observez notamment les didascalies.

....

....

....

....

....

....

....

....

....

Analyser les caractéristiques d'écriture des genres

2 Une langue pour le jeu de l'acteur

Jean-Luc Lagarce, *Juste la fin du monde*, **première partie, scène 5** (1990)

Louis. – […] c'était cette impression, je ne trouve pas les mots,
lorsque je me réveillai
– un instant, on sort du sommeil, tout est limpide, on croit le saisir, pour disparaître aussitôt –
qu'on m'abandonna toujours,
peu à peu,
à moi-même, à ma solitude au milieu des autres,
parce qu'on ne saurait m'atteindre,
me toucher,
et qu'il faut renoncer,

et on renonce à moi, ils renoncèrent à moi,
tous,
d'une certaine manière,
après avoir tant cherché à me garder auprès d'eux,
à me le dire aussi,
parce que je les en décourage
et parce qu'ils veulent comprendre que me laisser en paix, semblant ne plus se soucier de moi, c'est m'aimer plus encore. […]

a. Quelle remarque faites-vous sur la ponctuation et sur la mise en page ? Quelle impression d'ensemble en retirez-vous ?

....

....

....

....

....

....

....

....

b. Par quelles expressions comprenez-vous que Louis hésite dans la formulation de son idée ? Surlignez-les pour répondre.

c. Soulignez les termes où Louis corrige ce qu'il vient d'exprimer (épanorthose). Le langage est-il un obstacle pour lui ou cherche-t-il à s'exprimer ?

....

....

....

....

....

....

....

....

....

3 L'écriture de plateau

Marion Boudier, *Avec Joël Pommerat : l'écriture de Ça ira (1) : Fin de Louis* (2019)

Auteur et metteur en scène, les deux à la fois : il [Joël Pommerat] a en effet la particularité d'écrire ses spectacles en lien étroit avec la scène, en même temps qu'il les répète et les met en scène avec ses comédiens. Dans cette manière de créer, l'écriture et la mise en scène s'inventent dans le même temps, pendant les répétitions. Écriture textuelle et écriture scénique se développent ensemble, le texte ne précédant pas la mise en scène. Au sein de la tradition française littéraire et texto-centriste, cette démarche relativise la place du texte : il n'est qu'un matériau théâtral parmi d'autres, sans hiérarchie. Le texte n'est plus un préalable, mais le résultat du processus de création. N'allant plus du texte vers la scène mais de la scène vers le texte, c'est la démarche créative qui fait l'œuvre.

a. **Joël Pommerat est-il auteur ou metteur en scène ? Quelle est la particularité de son écriture ? Après avoir répondu, justifiez en soulignant des expressions du texte.**

....

....

....

b. **Comment comprenez-vous l'expression « tradition littéraire française et texto-centriste » ? Quelle opposition Marion Boudier fait-elle entre cette écriture et celle de Pommerat ?**

....

....

....

....

Repérer et analyser des figures de style

4 L'allégorie au service d'une langue poétique

Simon Abkarian, *Électre des bas-fonds* (2019)

Pylade tente de convaincre Oreste, au nom de la Grèce, de venger la mort du roi Agamemnon, son père.

Pylade. – La Grèce attend un sauveur.
Oreste. – La Grèce attend la joie, la concorde et la paix.
Pylade. – La paix se terre sous les ossements de ton père.
La joie croule sous ton propre deuil.
Quant à la concorde, elle est une relique que se disputent les gueux.
Et quand tombe la nuit, toutes trois, joie, concorde et paix
Se retrouvent blotties l'une contre l'autre autour d'une soupe confectionnée de restes.
Elles grelottent devant un feu qui vacille en lui-même et ressassent les bonheurs enterrés sous les cendres d'un autrefois à jamais perdu.
Mais pourquoi convaincre celui qui refuse son destin ?

a. **Expliquez la construction et l'effet de l'allégorie.**

- La paix : ....

....

- La joie : ....

....

- La concorde : ....

....

....

....

- Effet : ....

....

....

b. **Quelles autres figures de style reconnaissez-vous ? Quel effet cette écriture crée-t-elle ?**

....

....

....

....

Confronter une œuvre à son contexte

5 Raconter le monde contemporain

a. **Observez ces titres de pièces de théâtre. Comment montrent-ils l'attachement des auteurs à raconter le monde d'aujourd'hui ?**

1. Matei Visniec, *La Femme comme champ de bataille* (1999)

2. Collectif Groupov, *Rwanda 94* (2000)

3. Joël Pommerat, *Les Marchands* (2006)

4. Michel Vinaver, *11 septembre 2001* (2007)

5. Jean-Paul Alègre, *Moi Ota, rivière d'Hiroshima* (2015)

6. Sylvain Levey, *Michelle doit-on t'en vouloir d'avoir fait un selfie à Auschwitz ?* (2017)

....

....

....

....

....

....

....

....

b. **Retrouvez pour chaque titre l'événement ou le thème évoqué.**

....

....

....

....

....

....

....

36 Autour du mot

La formation des mots

Par dérivation

Ajout au **radical** :
- de préfixes (précisent le sens) ;
- de suffixes (donnent la classe grammaticale, parfois le genre).

Ex. : inventif, inventive, invention, inventer.

Par composition

- **Association** de :
  – **mots français** (composition populaire) ;
  – **radicaux grecs** ou **latins** (composition savante).
- Ils sont soudés ou reliés par un trait d'union ou une préposition.

Ex. : quelquefois, pomme de terre, rendez-vous, omnivore.

Le sens des mots

Polysémie

Les mots ont plusieurs sens, notamment sens **propre** et sens figuré.
*Ex. : léger = **qui a peu de poids** ; léger = peu sérieux.*

Dénotation / connotation

Tout mot a :
- une **dénotation** (sens littéral) ;
- une **connotation** : mélioratif, familier, etc.

Ex. : le nom vulgaire (= commun) d'une plante ; un homme vulgaire (= mal élevé ; connotation péjorative).

Les relations de sens

Synonymes / antonymes

- **Synonymes** : mots de même classe, sens proche.
  Ex. : fou = aliéné.
- **Antonymes** : mots de même classe, sens contraire.
  Ex. : fou ≠ raisonnable.

Termes génériques / spécifiques

- **Termes génériques** : groupe, ensemble.
  Ex. : fauve.
- **Termes spécifiques** : élément précis du groupe. *Ex. : lion, tigre, loup.*

Champ lexical

Ensemble de mots ayant un thème en commun.
Ex. : champ lexical de la parole → éloquence, voix, conversation…

La forme et le sens

Homonymes / paronymes

- **Homonymes** (ou homophones) : mots de même prononciation.
  Ex. : chaîne/chêne.
- **Paronymes** : mots de prononciation proche.
  Ex. : éminent/imminent.

Exercices

1 Identifier un radical ★

a. Les mots réunis dans ces séries possèdent un radical commun. Surlignez-le, puis indiquez entre parenthèses la classe grammaticale de chaque mot.

b. Ajoutez à chaque liste un adjectif formé sur le même radical.

1. dénaturer (..................) • naturalisation (..................) • naturellement (.....................) • .... (adjectif).
2. inactiver (..................) • acteur (..................) • activement (.....................) • .... (adjectif).
3. civiliser (....................) • civilement (.......................) • civisme (..................) • .... (adjectif).
4. serf (..................) • desservir (..................) • servilement (.....................) • .... (adjectif).

2 Déterminer le sens d'un préfixe ★

a. Entourez le préfixe commun à chaque couple de mots. Quel est son sens ?

b. Formez un autre mot possédant le même préfixe.

1. entrecouper • entremêler ➜ sens du préfixe : .... ➜ autre mot :..........................
2. trébucher • trépasser ➜ sens du préfixe : .... ➜ autre mot :..........................
3. enfermer • encrasser ➜ sens du préfixe : .... ➜ autre mot :..........................
4. insalubre • irrégulier ➜ sens du préfixe :......................... .... ➜ autre mot :..........................

3 S'interroger sur les analogies lexicales ★ ★

a. Chaque mot de la liste 1 est issu d'une même racine qu'un mot de la liste 2. Retrouvez ces couples de mots. Quel sens ont-ils en commun, selon vous ?

1. cour • droit • avoué • béton • chétif • étroit • fragile • métier.

2. direct • avocat • cohorte • ministère • frêle • bitume • captif • strict.

b. Dans un dictionnaire, retrouvez l'étymon (le mot-racine) à l'origine de ces doublets.

4 Étudier la polysémie dans un dialogue ★ ★

Marivaux, *Les Fausses Confidences*, **acte I, scène 8** (1737)

Araminte s'adresse à son valet, Arlequin, en présence de Marton, la suivante d'Araminte.

Araminte. – Arlequin, vous êtes à présent à Monsieur ; vous le servirez ; je vous donne à lui.

Arlequin. – Comment, Madame, vous me donnez à lui ! Est-ce que je ne serai plus à moi ? Ma personne ne m'appartiendra donc plus ?

Marton. – Quel benêt !

a. Quel mot, répété dans les deux premières répliques, est employé en deux sens différents ? Quels sens prend-il ?

b. Comment l'exclamation de Marton s'explique-t-elle ? À qui s'adresse-t-elle ?

5 S'interroger sur la formation des mots scientifiques ★ ★ ★

Molière, *Le Malade imaginaire*, **acte III, scène 6** (1673)

Argan n'a pas pris le lavement prescrit par M. Purgon, son médecin. Celui-ci s'emporte.

Monsieur Purgon. – Et je vous avertis que vous tomberez dans l'épilepsie.

Argan. – Monsieur Purgon.

Monsieur Purgon. – De l'épilepsie dans la phtisie.

Argan. – Monsieur Purgon.

Monsieur Purgon. – De la phtisie dans la bradypepsie.

Argan. – Doucement Monsieur Purgon.

Monsieur Purgon. – De la bradypepsie dans la lienterie.

Argan. – Ah, Monsieur Purgon.

Monsieur Purgon. – De la lienterie dans la dysenterie.

a. Quel genre de menaces le médecin adresse-t-il à son patient ? Cherchez dans un dictionnaire les mots que vous ne connaissez pas : comment sont-ils formés ?

b. Argan peut-il comprendre le discours de son médecin ? Pour quelle raison ? Quelle réaction ce dialogue provoque-t-il chez le spectateur ?

37 Natures et fonctions

	Les natures des mots (classes grammaticales)	Exemples
Mots variables	➡ **Verbe**	➡ *désirer, lut, soit, voyant, vaincs*
	➡ **Nom** : s'accorde en genre et nombre	➡ *Julien, Mathilde* (noms propres), *héros, héroïne*
	➡ **Adjectif** : s'accorde avec un nom ou équivalent	➡ *désireux, lisible, héroïque, victorieux*
	➡ **Déterminant** : article (défini, indéfini, partitif) / possessif / démonstratif / interrogatif / relatif / numéral / indéfini	➡ *le, une, du / mon / cet / quel* + nom ? / *lequel* + nom / *trois / quelque*
	➡ **Pronom** : personnel / possessif / démonstratif / interrogatif / relatif / numéral / indéfini	➡ *je / le mien / celui-là / qui ? / que / le troisième / quelques-uns*
Mots invariables	➡ **Interjection** : mot expressif dont l'**onomatopée** qui imite le bruit.	➡ *ah ! hélas ! oh la la ! boum, miaou*
	➡ **Préposition** : introduit un mot ou un groupe de mots	➡ *à, dans, par, pour, en, vers, avec, sans, sous*
	➡ **Adverbe** : indiquant la circonstance / connecteur / interrogatif, exclamatif	➡ *héroïquement, demain, alors / cependant / combien ?*
	➡ **Conjonction** : – de coordination – de subordination	➡ – *mais, ou, et, donc, or, ni, car* – *que, quand, comme, si, parce que*

Remarque On distingue aussi des groupes de mots :
- **le groupe nominal** (GN), formé autour d'un nom
- **le groupe adjectival**, formé autour d'un adjectif
- **le groupe prépositionnel**, introduit par une préposition
- **le groupe infinitif**, **le groupe participial**, formés autour d'un infinitif ou d'un participe
- **la proposition**, qui contient au moins un verbe et son sujet → **fiche 40, p. 82**

	Les fonctions	Exemples
Autour du nom : les expansions du nom	➡ **Épithète** : adjectif ou GN à côté du nom, proposition subordonnée relative	➡ *C'est un chemin* ***pentu****. C'est la rue* **Simone Veil**. *C'est la rue* ***où se trouve ma maison****.*
	➡ **Complément du nom (CDN)** : groupe prépositionnel, placé à côté du nom et qui lui apporte une précision	➡ *C'est le chemin* ***de ma maison****.*
	➡ **Apposition** : apporte une précision à un nom ou GN, séparée par une virgule	➡ ***Pentue****, cette rue,* ***une allée de graviers****, mène chez moi.*
Autour du verbe	➡ **Sujet** : répond à la question *qu'est-ce* ***qui*** + verbe ?	➡ ***Cette allée*** *est la rue où se trouve ma maison.*
	➡ **Attribut du sujet** : après un verbe d'état ou attributif	➡ *C'est* ***la rue où il habite****. Il est* ***aimable****.*
	➡ **Complément d'objet direct (COD)** : répond à la question *qu'est-ce* ***que*** + **sujet** + verbe ?	➡ *Je prends* ***cette rue****. Je veux* ***rentrer chez moi****. Je* ***le*** *souhaite.*
	➡ **Attribut du COD** : après un verbe comme *déclarer, juger*... qui a déjà un COD.	➡ *Les fleurs rendent cette rue* ***agréable****.*
	➡ **Complément d'objet indirect (COI)** : répond à la question ***à/de*** *quoi/qui* + **sujet** + verbe ?	➡ *Cette rue* ***me*** *plaît. Cette rue plaît* ***à mes amis****.*
	➡ **Complément circonstanciel (CC)** : supprimable, déplaçable, précise le temps, le lieu, la manière...	➡ *Je les vois* ***souvent*** (CC de temps) ***dans ma rue*** (CC de lieu).
	➡ **Complément d'agent** : complète un verbe au passif	➡ *Cette ville est fréquentée* ***par des touristes****.*

Exercices

1 Étudier les expansions du nom ★

Michel de Montaigne, *Essais*, « Des cannibales » (1588)

On demande à trois « sauvages » ce qu'ils ont trouvé d'admirable en France.

Ils dirent qu'ils trouvaient en premier lieu fort étrange que tant de grands hommes portant barbe, forts et armés, qui étaient autour du roi (il est vraisemblable qu'ils parlaient des Suisses de sa garde), se soumissent à obéir à un enfant, et qu'on ne choisissait plutôt quelqu'un d'entre eux pour commander.

a. Quelles sont les expansions du nom « hommes » ? Précisez leur nature (ou classe) et leur fonction.

....

....

....

b. Développez le nom « enfant » avec des expansions du nom de mêmes classes grammaticales, en étant fidèle aux idées suggérées dans le passage.

....

....

2 Distinguer COD et attributs ★

Marivaux, *L'Île des esclaves, scène 2* (1725)

Trivelin. – Nous vous jetons dans l'esclavage pour vous rendre sensibles aux maux qu'on y éprouve [...]. Remerciez le sort qui vous conduit ici ; il vous remet en nos mains durs, injustes et superbes ; vous voilà en mauvais état, nous entreprenons de vous guérir ; vous êtes moins nos esclaves que nos malades, et nous ne prenons que trois ans pour vous rendre sains ; c'est-à-dire, humains, raisonnables et généreux pour toute votre vie.

a. Observez les verbes : surlignez les attributs du sujet et entourez les COD.

b. Relevez les adjectifs : quelles sont leurs fonctions ?

....

....

....

....

....

....

....

3 Déterminer la fonction des groupes prépositionnels ★

Dans ces phrases, entourez le ou les groupes prépositionnels. Donnez leur fonction.

1. Je le regardai avec étonnement ; il s'en aperçut **(Abbé Prévost).**

Fonction(s) : ....

2. Vivre, c'est s'obstiner à achever un souvenir **(R. Char).**

Fonction(s) : ....

3. Il me conduisait de la maison à l'école sur son vélo **(A. Ernaux).**

Fonction(s) : ....

....

4. Je l'ai priée de me l'envoyer par avion, à mes frais **(A. Cohen).**

Fonction(s) : ....

....

5. Angoissée par la souffrance de ce pauvre petit, j'ai télégraphié à la R.S.C.P.A. **(A. Cohen).**

Fonction(s) : ....

....

....

4 Comprendre le fonctionnement des propositions relatives ★ ★

Molière, *Le Malade imaginaire, acte I, scène 7* (1673)

Le Notaire. – Comment vous pouvez faire ? Vous pouvez choisir doucement un ami intime de votre femme, auquel vous donnerez en bonne forme par votre testament tout ce que vous pouvez ; et cet ami ensuite lui rendra tout. Vous pouvez encore contracter un grand nombre d'obligations, non suspectes, au profit de divers créanciers, qui prêteront leur nom à votre femme, et entre les mains de laquelle ils mettront leur déclaration, que ce qu'ils en ont fait n'a été que pour lui faire plaisir. Vous pouvez aussi, pendant que vous êtes en vie, mettre entre ses mains de l'argent comptant, ou des billets que vous pourrez avoir, payables au porteur.

a. Entourez les propositions subordonnées relatives, surlignez les pronoms relatifs et soulignez leurs antécédents. → **fiche 43, p. 88**

b. Classez les pronoms relatifs selon leur fonction. Conseil : pour vérifier votre réponse, transformez mentalement les relatives en propositions indépendantes. *Ex. : Le notaire qui conseille Argan est sournois. → Le notaire conseille Argan. → qui = le notaire = sujet*

Sujet : ....

CDN : ....

COD : ....

....

COI : ....

5 Commenter le choix des déterminants et pronoms ★ ★ ★

Montesquieu, *Lettres persanes* (1721)

Le peuple des Troglodytes décide de se passer de lois.

Ce peuple, libre de ce nouveau joug, ne consulta plus que son naturel sauvage. Tous les particuliers convinrent qu'ils n'obéiraient plus à personne, que chacun veillerait uniquement à ses intérêts, sans consulter ceux des autres. Cette résolution unanime flattait extrêmement tous les particuliers.

a. Relevez et classez les déterminants et pronoms.

Pronoms :

- personnels : .... • démonstratifs ....
- indéfinis : ....

Déterminants :

- possessifs : .... • démonstratifs : ....
- indéfinis : ....

b. Comment interprétez-vous leur emploi ?

....

....

....

....

....

....

....

....

....

38 Les modes et les temps des verbes

1 Les modes personnels

Impératif

Injonction (ordre, conseil, prière). *Ex. : Lis, aie lu.*

2 temps :
- **présent.** *Ex. : Lis !*
- **passé.** *Ex. : Aie lu !*

Indicatif

Expression de faits, de la réalité, de la certitude. *Ex. : Tu lis.*

Subjonctif

- Souhait, ordre. *Ex. : Qu'il lise !*
- Obligatoire dans certaines propositions subordonnées. *Ex. : Je veux qu'il **lise**.*

4 temps :
- **présent.** *Ex. : que je lise.*
- **passé.** *Ex. : que j'aie lu.*
- **imparfait.** *Ex. : que je lusse.*
- **plus-que-parfait.** *Ex. : que j'eusse lu.*

Les temps de l'indicatif et leurs valeurs

Présent
- d'énonciation. *Ex. : Je **lis** aujourd'hui.*
- de vérité générale. *Ex. : Lire **fait** du bien.*
- d'habitude. *Ex. : Je **lis** tous les soirs.*
- futur proche, passé proche. *Ex. : Je **vais**, je **viens** de lire.*
- de narration : présent dans un contexte passé. *Ex. : Il me parlait ; je l'**arrête**.*

Futur
- fait à venir, hypothèse. *Ex. : Il **lira** certainement ce mot.*
- ordre, conseil. *Ex. : Tu **liras** ce livre !*

Passé simple
- action ponctuelle (aspect borné) ; premier plan. *Ex. : Je **lus** son message.*

Imparfait
- action répétée, non délimitée dans le temps (aspect non borné) ; second plan, description. *Ex. : La nuit **tombait**.*

Temps composés
- action antérieure, montrée comme achevée. *Ex. : Je l'**ai lu**.*

Conditionnel

Valeur modale
- fait hypothétique, demande polie. *Ex. : S'il pouvait, il **lirait**.*

Valeur temporelle
- futur dans le passé. *Ex. : Il décida qu'il **ferait** sa valise plus tard.*

2 formes
- **présent.** *Ex. : je lirais.*
- **passé.** *Ex. : j'aurais lu.*

2 Les modes impersonnels

Infinitif
- **Présent.** *Ex. : être.*
- **Passé.** *Ex. : avoir été.*

Participe
- **Présent.** *Ex. : étant.*
- **Passé.** *Ex. : ayant été ; été.*

Gérondif
- **Présent.** *Ex. : en étant.*
- **Passé.** *Ex. : en ayant été.*

Exercices

1 Identifier le temps et le mode ★

Relevez les verbes de ces phrases en les classant selon leur mode. Précisez leur temps entre parenthèses.

1. **Araminte.** – Montrez-moi ce portrait.
Dorante. – Daignez m'en dispenser, Madame ; quoique mon amour soit sans espérance, je n'en dois pas moins un secret inviolable à l'objet aimé **(Marivaux)**.

2. Quoique j'eusse pu faire entrer dans mes Mémoires les aventures du chevalier des Grieux, il m'a semblé que n'y ayant point un rapport nécessaire, le lecteur trouverait plus de satisfaction à les voir séparément **(Abbé Prévost)**.

- indicatif : ....
- indicatif conditionnel : ....
- subjonctif : ....
- impératif : ....
- infinitif : ....
- participe : ....

2 Reconnaître les valeurs du présent ★

Pour chaque phrase, indiquez la valeur du présent.

1. Il ne faut point juger des gens sur l'apparence **(J. de La Fontaine)**.

....

2. Je pars après-demain **(A. Dumas)**.

....

3. Bergère ô tour Eiffel le troupeau des ponts bêle ce matin **(G. Apollinaire)**.

....

4. Je me couche encore chaque nuit avec l'espoir d'atteindre au matin **(M. Yourcenar)**.

....

3 Reconnaître les temps du récit ★

Identifiez les deux temps de l'indicatif employés dans chaque extrait. Justifiez leur emploi respectif.

1. Deux coqs vivaient en paix ; une poule survint,
Et voilà la guerre allumée **(J. de La Fontaine)**.

- Temps 1 : ....
  Valeur : ....
- Temps 2 : ....
  Valeur : ....

2. Quand la caissière lui eut rendu la monnaie de sa pièce de cent sous, Georges Duroy sortit du restaurant **(G. de Maupassant)**.

- Temps 1 : ....
  Valeur : ....
- Temps 2 : ....
  Valeur : ....

3. Vers la fin du mois d'octobre dernier, un jeune homme entra dans le Palais-Royal au moment où les maisons de jeu s'ouvraient **(H. de Balzac)**.

- Temps 1 : ....
  Valeur : ....
- Temps 2 : ....
  Valeur : ....

4 Identifier les valeurs du conditionnel ★ ★

Soulignez les verbes au conditionnel. Indiquez leur valeur en cochant la case qui convient.

1. **Toinette**. – Quoi, monsieur, vous auriez fait ce dessein burlesque ? Et avec tout le bien que vous avez, vous voudriez marier votre fille avec un médecin ? **(Molière)**.

☐ futur dans le passé ☐ fait hypothétique

2. Si nous pouvions quitter ce Paris triste et fou,
Nous fuirions ; nous irions quelque part, n'importe où **(V. Hugo)**.

☐ futur dans le passé ☐ fait hypothétique

3. Dès sa première jeunesse, son air extrêmement pensif et sa grande pâleur avaient donné l'idée à son père qu'il ne vivrait pas, ou qu'il vivrait pour être une charge à sa famille **(Stendhal)**.

☐ futur dans le passé ☐ fait hypothétique

5 Analyser l'emploi d'un temps ★ ★

Jean-Jacques Rousseau, *Les Confessions* (1782)

J'étudiais un jour seul ma leçon dans la chambre contiguë à la cuisine. La servante avait mis sécher à la plaque les peignes de Mlle Lambercier. Quand elle revint les prendre, il s'en trouva un dont tout un côté de dents était brisé. À qui s'en prendre de ce dégât ? Personne autre que moi n'était entré dans la chambre. On m'interroge : je nie d'avoir touché le peigne. M. et Mlle Lambercier se réunissent, m'exhortent, me pressent, me menacent ; je persiste avec opiniâtreté […].

a. Surlignez les passages au présent.

b. Quelle est la valeur de ce temps ?

....

c. Quel effet l'emploi du présent produit-il dans ce récit autobiographique ?

....

....

....

6 Repérer l'emploi des temps ★ ★ ★

Charles Baudelaire, « Le Masque », *Les Fleurs du Mal* (1861, 2e édition)

[…] – Elle pleure, insensé, parce qu'elle a vécu !
Et parce qu'elle vit ! Mais ce qu'elle déplore
Surtout, ce qui la fait frémir jusqu'aux genoux,
C'est que demain, hélas ! il faudra vivre encore !
Demain, après-demain et toujours ! – comme nous !

a. Relevez les différents temps de l'indicatif employés.

....

....

....

....

b. En quoi la perception du temps est-elle une source d'angoisse pour le poète ?

....

....

....

....

....

....

....

....

39 Les voix des verbes

Les voix des verbes

Elles indiquent le rapport entre le sujet et l'action exprimée par le verbe.

Voix active

Le sujet accomplit l'action.

- Avec un **verbe intransitif** : verbe sans complément. *Ex. : Je cours.*
- Avec un **verbe transitif** :
  – **direct** : verbe + COD.
  Ex. : L'auteur raconte cette histoire.
  – **indirect** : verbe + COI.
  Ex. : Je parle de l'auteur.
- Avec un **verbe d'état ou attributif** (*être, sembler, paraître*...) : verbe + attribut du sujet.
  Ex. : Je suis présente.

Voix passive

Le sujet subit l'action.

- **Seuls les verbes transitifs directs** admettent une voix passive.
- Le COD à l'actif devient le **sujet au passif**, le sujet devient C. d'agent.
  *Ex. : **Cette histoire** est racontée par l'auteur.*
- Phrase passive sans C. d'agent = phrase active avec sujet *on*. *Ex. : Ce livre est lu = **On** lit ce livre.*

Voix pronominale

Présence d'un pronom réfléchi *me, te, se*... Il existe plusieurs types de verbes pronominaux :

- **essentiellement pronominal**.
  Ex. : Je me souviens.
- occasionnellement pronominal :
  – de **sens passif**.
  Ex. : Ces livres se vendent bien (= sont vendus).
  – de **sens réfléchi** : le sujet agit sur lui-même. *Ex. : Ils se lèvent* (= lèvent eux-mêmes).
  – de **sens réciproque** : le sujet désigne plusieurs objets agissant l'un sur l'autre.
  Ex. : Ils se parlent (= parlent l'un à l'autre).

Exercices

1 Distinguer voix active et voix passive ★

Indiquez si chaque phrase est à la voix active ou passive.

1. Julien Sorel est le héros passionné du roman de Stendhal.

☐ **actif** ☐ **passif**

2. Julien est venu chez Mme de Rênal pour obtenir le poste de précepteur.

☐ **actif** ☐ **passif**

3. Il est engagé pour s'occuper des enfants de la comtesse.

☐ **actif** ☐ **passif**

4. Son cœur et ses pensées sont occupés par la comtesse.

☐ **actif** ☐ **passif**

2 Transposer à la voix active ★

Réécrivez chaque phrase à la voix active.

1. Il fut surpris de la grande beauté de Mlle de Chartres **(Mme de Lafayette)**.

....

....

2. Cette gargote était tenue par des gens appelés Thénardier, mari et femme **(V. Hugo)**.

....

....

3. Votre cœur fut ardemment appelé par un autre cœur **(G. Sand)**.

....

....

4. Combien d'articles depuis vingt ans ont été écrits sur les femmes qui font peur aux hommes [...] ? **(V. Despentes)**.

....

....

3 Transposer à la voix passive ★

a. Une seule de ces phrases de Montesquieu peut être mise à la voix passive. Laquelle ? Pourquoi ?

1. La douceur du gouvernement contribue merveilleusement à la propagation de l'espèce.

2. Les habitants de Paris sont d'une curiosité qui va jusqu'à l'extravagance.

3. Notre air étranger n'offense plus personne.

....

....

....

b. Réécrivez la phrase à la voix passive.

....

....

4 Repérer les verbes pronominaux ★ ★

Jean-Luc Lagarce, *Juste la fin du monde* (1990)

SUZANNE. – […] je te cherchais,
vous vous disputiez, vous vous êtes retrouvés.
ANTOINE. – Je me suis énervé, on s'est énervés,
je ne pensais pas qu'il serait ainsi,
mais « à l'ordinaire », les autres jours,
nous ne sommes pas comme ça,
nous n'étions pas comme ça, je ne crois pas.
SUZANNE. – Pas toujours comme ça.
Les autres jours, nous allons chacun de notre côté,
on ne se touche pas.
ANTOINE. – Nous nous entendons.
SUZANNE. – C'est l'amour.

a. Surlignez les verbes pronominaux de sens réfléchi.

b. Soulignez les verbes pronominaux de sens réciproque.

5 Analyser l'emploi de la voix passive ★ ★

Michel de Montaigne, *Essais* (1580)

Celui qui tombe obstiné en son courage, *si succiderit, de genu pugnat*[1] ; qui, pour quelque danger de la mort voisine, ne relâche aucun point de son assurance ; qui regarde encore, en rendant l'âme, son ennemi d'une vue ferme et dédaigneuse, il est battu non pas de nous, mais de la fortune ; il est tué, non pas vaincu.
Les plus vaillants sont parfois les plus infortunés.

1. « s'il est tombé, il combat à genoux » en latin.

Orthographe modernisée par les auteurs.

a. Soulignez les verbes à la voix passive.

b. Quelle est la fonction du groupe « de la fortune » ?

c. Un homme valeureux peut-il être vaincu, d'après Montaigne ? Pourquoi ?

6 Identifier et commenter la voix passive ★ ★

Honoré de Balzac, *Eugénie Grandet* (1834)

Eugénie, mue par une de ces pensées qui naissent au cœur des jeunes filles quand un sentiment s'y loge pour la première fois, quitta la salle pour aller aider sa mère et Nanon. Si elle avait été questionnée par un confesseur habile, elle lui eût sans doute avoué qu'elle ne songeait ni à sa mère ni à Nanon, mais qu'elle était travaillée par un poignant désir d'inspecter la chambre de son cousin pour s'y occuper de son cousin, pour y placer quoi que ce fût, pour obvier[1] à un oubli, pour y tout prévoir, afin de la rendre, autant que possible, élégante et propre. Eugénie se croyait déjà seule capable de comprendre les goûts et les idées de son cousin.

1. remédier

a. Relevez les formes verbales à la voix passive.

b. En vous appuyant sur les compléments d'agent, expliquez quelles pensées préoccupent et dominent Eugénie.

7 Analyser l'utilisation des verbes pronominaux ★ ★

Pierre Choderlos de Laclos, *Les Liaisons dangereuses* (1782)

Encouragée par ce premier succès, je tâchai de régler de même les divers mouvements de ma figure. Ressentais-je quelque chagrin, je m'étudiais à prendre l'air de la sérénité, même celui de la joie ; j'ai porté le zèle jusqu'à me causer des douleurs volontaires, pour chercher pendant ce temps l'expression du plaisir. Je me suis travaillée avec le même soin et plus de peine pour réprimer les symptômes d'une joie inattendue. C'est ainsi que j'ai su prendre sur ma physionomie cette puissance dont je vous ai vu quelquefois si étonné.

a. Relevez trois verbes pronominaux et précisez s'ils sont de sens réfléchi ou réciproque.

b. Quel travail sur elle-même l'héroïne accomplit-elle, d'après ces verbes pronominaux ?

8 Présenter un texte lu en utilisant la voix passive ★ ★ ★

Présentez un texte que vous avez lu pendant l'année en utilisant les verbes suivants à la voix passive : *écrire, publier, raconter, décrire, amener, montrer.*

40 Les accords du verbe

1 L'accord du sujet et du verbe

Sujet après le verbe ou loin du verbe

Il faut bien déterminer le sujet (question ***qui** est-ce qui* + verbe ?). *Ex. : Elle a des projets que désapprouv**ent** ses parents.*

Prop. sub. relative avec « qui »

Accord **avec l'antécédent**, notamment aux 1re et 2e pers. *Ex. : Je t'en parle à toi qui ne la connai**s** pas.*

Plusieurs sujets

- *Je + tu/il/elle... =* **nous**, *tu + il/elle... =* **vous**. *Ex. : Ma cousine et moi **sommes** proches.*
- **Coordonnés par *ni*** : accord au pluriel ou singulier. *Ex. : Ni lui ni sa mère ne le sai**t**/sav**ent**.*
- **Coordonnés par *ou*** : accord au singulier si les sujets ne sont pas pris comme un ensemble mais s'excluent. *Ex. : Sa timidité ou son indifférence la pouss**e** à se taire.*
- **Juxtaposés** : accord au pluriel ; au singulier avec des sujets synonymes, ou quand le dernier résume les précédents. *Ex. : Le lieu, l'heure, tout **est** secret.*

Sujet indéfini ou collectif

- **Indéfini pluriel** (*beaucoup, peu + de...*) : accord toujours au pluriel. *Ex. : Peu le sav**ent**.*
- **Collectif + CDN** (*la plupart de, la majorité de...*) : accord possible au pluriel ou au singulier. *Ex. : La plupart de ses amis le sai**t**/sav**ent**.*

2 Le participe passé du verbe

Sans auxiliaire

Participe = adjectif ; accord avec le nom ou pronom qu'il qualifie. *Ex. : une décision pris**e**.*

Avec auxiliaire

- **Auxiliaire *être*** : accord **avec le sujet**. *Ex. : Sa décision était pris**e**.*
- **Auxiliaire *avoir*** :
  – **pas d'accord** avec le sujet ni le COD après le verbe. *Ex. : Elle a pris cette décision.*
  – **accord avec le COD** s'il est **avant** le verbe. *Ex. : Cette décision, elle l'a pris**e**.*

Dans un verbe pronominal

- **Essentiellement pronominal** : accord **avec le sujet**. *Ex. : Les cousines se sont entraidé**es**.*
- **De sens passif** : accord **avec le sujet**. *Ex. : La décision s'est pris**e** (= a été prise).*
- **Autre (réfléchi, réciproque)** :
  – accord **avec *me/te/se...* s'il est COD**. *Ex. : Elle s'est marié**e** (se = COD). ≠ Elle s'est trouvé une robe (se = COI).*
  – accord **avec le COD** (s'il y en a) placé **avant le verbe**. *Ex. : Les objectifs qu'elle s'est fixé**s**.*

Exercices

1 Expliquer les accords sujet-verbe ★

a. Soulignez le groupe sujet des verbes en gras.

b. Indiquez quelle règle s'applique pour l'accord du sujet-verbe.

1. Il est vrai que je suis toujours fâchée de voir d'honnêtes gens sans fortune, tandis qu'une infinité de gens de rien, et sans mérite, en **ont** une éclatante **(Marivaux)**.

Règle : ....

2. On voit peu de révoltes, et peu de princes qui **périssent** d'une mort violente **(Montesquieu)**.

Règle : ....

3. Ce froncement de sourcil, ou plutôt le remords de son imprudence, **fut** le premier échec porté à l'illusion qui entraînait Julien **(Stendhal)**.

Règle : ....

4. Propos, conseil, enseignement,
Rien ne **change** un tempérament **(J. de La Fontaine)**.

Règle : ....

2 Accorder le verbe avec son sujet ★

Accordez les verbes entre parenthèses avec le sujet, au présent de l'indicatif. Soulignez le sujet.

1. Celui-ci leur pronostique les choses à venir et les événements qu'ils doivent espérer de leurs entreprises, les *(acheminer)* .... ou *(détourner)* .... de la guerre **(M. de Montaigne)**.

2. Votre esclavage, ou plutôt votre cours d'humanité, *(durer)* .... trois ans, au bout desquels on vous renvoie **(Marivaux)**.

3. Dans le brouillard *(s'en aller)* .... un paysan [cagneux

Et son bœuf lentement dans le brouillard d'automne **(G. Apollinaire)**.

4. Pour moi, qui ne *(vouloir)* .... qu'un mari que pour l'aimer véritablement, et qui *(prétendre)* .... en faire tout l'attachement de ma vie, je vous avoue que j'y cherche quelque précaution **(Molière)**.

5. La plupart des gens, me dit-il, *(envier)* .... le bonheur de notre état **(Montesquieu)**.

3 Comprendre le fonctionnement des participes passés ★★

Charles Juliet, *Lambeaux* (1995)

À l'arrière de la grange, la maison d'habitation, soit une cuisine flanquée d'un atelier de menuiserie et d'une pièce exiguë servant de débarras [...]. La cuisine est la pièce où l'on vit, la seule qui peut être chauffée [...]. Lorsque Antoine t'a conduite ici la première fois, ces pièces t'ont paru lugubres. Aussi, avant que vous ne veniez les occuper, t'es-tu employée à les rendre moins inhospitalières. Tu as jeté beaucoup de choses, et pendant des jours, tu n'as cessé de décrasser, récurer, laver.

Relevez et classez les participes passés du texte ci-dessous. Soulignez les termes avec lesquels ils s'accordent.

- Participe passé employé comme adjectif : ....
- Auxiliaire *être* + participe passé : ....
- Auxiliaire *avoir* + participe passé : ....
- Participe passé dans un verbe pronominal : ....

4 Accorder les participes passés ★★

a. Réécrivez le participe passé entre parenthèses, en l'accordant si besoin.

b. Justifiez votre réponse : soulignez le terme avec lequel l'accord s'effectue, puis donnez sa fonction et l'auxiliaire employé.

1. Ils sont *(allé)* .... chercher les dessins qu'ils avaient *(caché)* .... sur le buffet **(M. Butor)**.

- Justification : ....

2. Tous les dangers que j'ai *(couru)* ...., je les ai *(envisagé)* .... les yeux ouverts **(M. de Montaigne)**.

- Justification : ....

3. Nous habitons la même cellule, et j'ai *(passé)* .... des nuits entières à parler de ses malheurs ; ils sont presque *(devenu)* .... les miens **(A. de Musset)**.

- Justification : ....

4. Mon père me refusait constamment des permissions qui m'avaient été *(consenti)* .... **(M. Proust)**.

- Justification : ....

5. Il assimilait volontiers le magasin d'un horticulteur à un microcosme où étaient *(représenté)* .... toutes les catégories de la société **(J.-K. Huysmans)**.

- Justification : ....

5 Distinguer les verbes pronominaux ★★★

a. Indiquez si les verbes sont essentiellement pronominaux (EP), de sens passif (SP) ou autres (A).

b. Soulignez le mot avec lequel le participe passé s'accorde, s'il y a accord. Justifiez l'accord en précisant sa fonction.

1. Dans les difficultés qui se sont présentées, j'ai tâché d'agir avec méthode. ▶ Verbe : ....

- Justification : ....

2. Je ne me suis jamais méfié d'elle. ▶ Verbe : ....

- Justification : ....

3. Il s'est cassé le bras au ski. ▶ Verbe : ....

- Justification : ....

4. Pendant longtemps, cette idée s'est défendue.

- Verbe : ....
- Justification : ....

5. Par son intervention, le problème s'est clarifié.

- Verbe : ....
- Justification : ....

6. Devant sa fille, il s'est accroupi. ▶ Verbe : ....

- Justification : ....

41 Phrase simple et phrase complexe

⚠ un verbe conjugué = une proposition

1 Phrase non verbale

Pas de verbe. *Ex. : Quelle histoire !*

2 Phrase simple

1 seule proposition. *Ex. : Je pars.*

3 Phrase complexe

Plusieurs propositions :

Indépendantes juxtaposées
Reliées par un signe de ponctuation. *Ex. : Je pars ; j'ai rendez-vous.*

1 principale et subordonnée(s)
Sans mot subordonnant.

- **Prop. sub. participiale**
  Le sujet de la participiale est différent du sujet de la principale. *Ex. : [Greg arrivant], Gilles part.*
- **Prop. sub. infinitive**
  Ex. : Je vois [Gilles partir].

1 principale et subordonnée(s)
Avec mot subordonnant.

- **Prop. sub. complétive**
  - Introduite par la conjonction de subordination *que* : **conjonctive complétive**. *Ex. : Gilles dit [**qu'**il part].*
  - Introduite par un mot interrogatif : **interrogative indirecte**. *Ex. : J'ignore [**s'**il part].*

  elle complète un verbe
- **Prop. sub. relative**
  Introduite par un pronom relatif. *Ex. : Gilles, [**qui** a rendez-vous], part.*
- **Prop. sub. circonstancielle**
  Introduite par une autre conjonction de subordination que *que*. *Ex. : [**Quand** tu arriveras], Gilles partira.*

Indépendantes coordonnées
Reliées par une conjonction de coordination. *Ex. : Je pars **car** j'ai rendez-vous.*

Exercices

1 Identifier la structure des phrases ★

Odette du Puigaudeau, *Le Sel du désert* (2001)

1. Deux maigres feux de racines sous deux marmites pleines de riz et de tichtar[1]. **2.** Il fait froid, mais le vent n'est pas encore revenu. **3.** On ne dressera pas la guitoune[2] et les deux bivouacs resteront semblables. **4.** Rien ne les distinguera sur l'égalité du désert uniforme lorsque, chacun dans un trou de sable, nous dormirons enfin, enfouis dans un burnous[3], une couverture de peaux, un morceau de vieille tente.

1. viande séchée. 2. tente de campement, en argot. 3. manteau de laine à capuche.

a. Identifiez les phrases non verbales, simples et complexes.

b. Entourez les propositions des phrases complexes. Indiquez si elles sont juxtaposées, coordonnées ou principale et subordonnée.

1. a. [x] non verbale [ ] simple [ ] complexe
b. Propositions : ……

2. a. [ ] non verbale [ ] simple [x] complexe
b. Propositions : coordonnées

3. a. [ ] non verbale [ ] simple [x] complexe
b. Propositions : indépendante

4. a. [ ] non verbale [ ] simple [x] complexe
b. Propositions : ……

2 Employer la subordination ★

Réécrivez ces phrases en employant la subordination, de façon à faire apparaître les liens logiques.

1. Les enfants l'adoraient, lui ne les aimait point ; sa pensée était ailleurs **(Stendhal)**.

Les enfants l'adoraient mais lui ne les aimait point car sa pensée était ailleurs.

2. Je demande sa tête, et crains de l'obtenir,
Ma mort suivra la sienne, et je le veux punir **(P. Corneille)**.

Je demande sa tête et crains de
l'obtenir ma mort suivra et je veux
la sienne

3. Il eut peur d'être surpris et se mit à monter fort vite, avec la crainte d'avoir été vu **(G. de Maupassant)**.

ayant la

4. C'est une femme qui t'en fait la question ; tu ne lui ôteras pas du moins ce droit **(O. de Gouges)**.

donc

5. L'homme n'a point de port, le temps n'a point de rive ;
Il coule, et nous passons ! **(A. de Lamartine)**

puisque // ainsi //

3 Analyser la construction d'une phrase complexe ★★

Mme de Lafayette, *La Princesse de Clèves* (1678)

Ces paroles, quoique dites en riant, firent une vive impression dans l'esprit de Madame de Clèves. Elles lui donnèrent des remords : elle fit réflexion à la violence de l'inclination qui l'entraînait vers M. de Nemours ; elle trouva qu'elle n'était plus maîtresse de ses paroles et de son visage ; elle pensa que Lignerolles était revenu ; qu'elle ne craignait plus l'affaire d'Angleterre ; qu'elle n'avait plus de soupçons sur Madame la Dauphine ; qu'enfin il n'y avait plus rien qui la pût défendre, et qu'il n'y avait de sûreté pour elle qu'en s'éloignant.

a. Dans la 2e phrase, entourez les propositions subordonnées.

b. Combien de propositions subordonnées complètent le verbe « pensa » (l. 6) ? De quel type de subordonnées s'agit-il ?

~~1 verbe~~ 5 → complétive
proposition subordonnée relative

c. En quoi la structure de la phrase rend-elle compte du cheminement de la pensée du personnage ?

les prop. sub complétives suivent des verbes de jugement ou de pensée. La phrase complexe rend compte de la progression de la réflexion de Mme Clèves.

4 Analyser les changements de construction syntaxique ★★

Marivaux, *L'Île des esclaves, scène 5* (1725)

Arlequin vient d'échanger sa condition d'esclave contre celle de maître.

Arlequin. – Tirlan, tirlan, tirlantaine, tirlanton. Gai, camarade, le vin de la république est merveilleux, j'en ai bu bravement ma pinte ; car je suis si altéré depuis que je suis maître, que tantôt j'aurai encore soif pour pinte.

a. Quelles structures de phrases apparaissent dans ce passage ?

b. Quel état d'esprit la succession de ces phrases révèle-t-elle chez Arlequin ?

5 Analyser une phrase dans un poème ★★

Charles Baudelaire, « Recueillement », *Les Fleurs du mal* (4e édition, 1868)

[…] Vois se pencher les défuntes Années,
Sur les balcons du ciel, en robes surannées ;
Surgir du fond des eaux le Regret souriant ;

Le Soleil moribond s'endormir sous une arche,
Et comme un long linceul traînant à l'Orient,
Entends, ma chère, entends la douce Nuit qui marche.

a. Entourez les trois propositions subordonnées complétant le verbe « Vois » (v. 1). Quel type de propositions identifiez-vous ?

b. Poursuivez l'analyse : soulignez les propositions principales, surlignez les autres subordonnées.

c. Montrez que la structure de la phrase suit les perceptions du poète.

42 Les propositions sub. circonstancielles

1 La proposition subordonnée conjonctive circonstancielle

- Elle est introduite par une **conjonction de subordination** (ou locution conjonctive) indiquant une circonstance ou une relation logique. *Ex. : quand, parce que, si…*
- Sa fonction est toujours **complément circonstanciel** (CC).
- Elle contient un verbe conjugué, dont **le mode dépend de la conjonction employée**.

2 Les différents types de prop. sub. circonstancielles

Fonction	Conj. de subordination	Mode du verbe	Exemple
CC de temps Indication temporelle.	➡ **Simultanéité** : *quand, lorsque, au moment où, alors que, tandis que, à chaque fois que…* ➡ **Antériorité** (action de la prop. sub. **avant** celle de la principale) : *après que, quand, lorsque, dès que, depuis que, aussitôt que…*	➡ **Indicatif**	*[Quand il **parlait**], tout le monde se taisait.* *[Après qu'il **a parlé**], tout le monde se tait.*
	➡ **Postériorité** (action de la prop. sub **après** celle de la principale) : *avant que, jusqu'à ce que, en attendant que…*	➡ **Subjonctif**	*[Avant qu'il ne **vienne**], il s'inquiète.*
CC de cause Justification, raison.	➡ *Parce que, puisque, étant donné que, vu que, du fait que, dès lors que, du moment que, comme, attendu que, sous prétexte que…*	➡ **Indicatif**	*Il vint, [puisqu'on l'**avait appelé**].*
CC de but Perspective, fin.	➡ **But positif** (objectif voulu) : *pour que, afin que* ➡ **But négatif, crainte** (action crainte, rejetée) : *de peur que, de crainte que…*	➡ **Subjonctif**	*On l'appela [pour qu'il **s'expliquât**]. On le guide [de peur qu'il ne **se perde**].*
CC de conséquence Résultat d'une action. Prop. sub. après la principale.	➡ **Un mot (terme corrélatif) dans la principale** : *tel, si, aussi, tant, tellement* + ***que***, *trop, assez* + ***pour que*** ➡ **Sans terme corrélatif** : *de (telle) sorte que, de manière (à ce) que, au point que, si bien que…*	➡ **Indicatif** le plus souvent ➡ **Subjonctif** après *trop/assez… pour que*	*Elle est si vertueuse [qu'elle ne **peut** mentir]. Elle est vertueuse [si bien qu'elle ne **ment** pas].*
CC de condition, d'hypothèse Condition, réalisable ou non.	➡ ***Si***. L'ensemble subordonnée introduite par *si* + principale s'appelle le système hypothétique	➡ **Indicatif**	*[Si on l'**interrogeait**], il se tairait.*
	➡ **Autres locutions** : *à condition que, pourvu que, à supposer que, pour peu que, à moins que, selon que, au cas où…* ➡ ***Comme si*** introduit une subordonnée de comparaison hypothétique	➡ **Subjonctif** fréquent ➡ *Au cas où* + **conditionnel** ➡ *Comme si* + **indicatif** ou **subjonctif plus-que-parfait**	*[À supposer qu'on l'**interrogeât**], [au cas où on l'**interrogerait**], il se tairait.* *Il se taisait [comme s'il **avait été/eût été** muet].*
CC d'opposition ou de concession Contradiction, contraste.	➡ **Opposition** (contraste entre deux faits) : *tandis que, alors que, quand, au lieu que…*	➡ **Indicatif**	*Il est blond [alors que son frère **est** brun].*
	➡ **Concession** : *quoique, bien que, même si, si* (+ indicatif), *quand bien même…*	➡ *Bien que, quoique…* + **subjonctif**	*[Bien qu'ils ne se **ressemblent** pas], ils sont frères.*
CC de comparaison Ressemblance, différence.	➡ **Ressemblance, équivalence** : *comme, tel que, de même que, ainsi que…* ➡ **Différence, degré, proportion** : un mot dans la principale (terme corrélatif) annonce la subordonnée : *plus (de), davantage, meilleur, d'autant plus, aussi, autant (de), le même, moins (de), moindre, pire, plutôt…* + ***que***	➡ **Indicatif** (verbe parfois sous-entendu)	*Il s'élance [comme un aigle **fond** sur sa proie].* *Il est plus ambitieux [qu'il n'**est** honnête].* *Il parle [comme un poète]*

Exercices

1 Identifier les circonstances exprimées ★

Dans ces citations des *Fables* de La Fontaine, soulignez les conjonctions de subordination. Quelles circonstances traduisent-elles ?

1. Un songe, un rien, tout lui fait peur
Quand il s'agit de ce qu'il aime.

➤ Circonstance : de temps

2. Le lacs était usé ! si bien que de son aile,
De ses pieds, de son bec, l'oiseau le rompt enfin.

➤ Circonstance : ~~condition~~ conséquence

3. Selon que vous serez puissant ou misérable,
Les jugements de cour vous rendront blanc ou noir.

➤ Circonstance : ~~cause~~ condition

4. Ami, je te conseille
De fuir en attendant que ton maître s'éveille.

➤ Circonstance : ~~but~~ postériorité

2 Identifier la fonction des prop. sub. circonstancielles ★

Surlignez les prop. sub. circonstancielles et précisez leur fonction (CC de temps, cause, comparaison…).

1. Tandis que les nouveaux admirateurs nous lisent, les anciens nous oublient **(J. Renard)**.

➤ fonction : ~~conséquence~~ opposition

2. Je viendrai vous voir de temps en temps, tandis que je serai en cette ville **(Molière)**.

➤ fonction : ~~condition~~ temps

3 Pourquoi ne serait-il pas aimé de l'une d'elles, comme Bonaparte, pauvre encore, avait été aimé de la brillante Mme de Beauharnais ? **(Stendhal)**

➤ fonction : comparaison

4. Comme il passait par Vassonville, il aperçut, au bord d'un fossé, un jeune garçon assis sur l'herbe **(G. Flaubert)**.

➤ fonction : ~~but~~ temps

5. Comme elle avait beaucoup d'esprit et un grand discernement pour les belles choses, elle attirait tous les honnêtes gens **(Mme de Lafayette)**.

➤ fonction : ~~comparaison~~ cause

3 Choisir le mode du verbe de la prop. sub. circonstancielle ★ ★

a. Dans les phrases suivantes, soulignez les conjonctions de subordination qui introduisent des prop. sub. circonstancielles.

b. Entourez les verbes conjugués au mode qui convient.

1. Je promets qu'il n'y aura plus tout ce temps avant que je *reviens/revienne/reviendrais* **(J.-L. Lagarce)**.

2. Nos amusements, nos rires, tout cela, vois-tu, ce ne sont que des jeux d'enfants ; il n'en reste rien après qu'ils *sont passés/soient passés/seraient passés* **(P. Choderlos de Laclos)**.

3. Mais oui ; ce bonhomme avait deux filles dont il est quasi fou, quoique l'une et l'autre l'*ont/aient/auraient* à peu près renié **(H. de Balzac)**.

4. Si je *disais/dise/dirais* un mot, ton maître sortirait bien vite **(Marivaux)**.

4 Analyser l'utilisation des subordonnées CC de temps ★ ★

Jean-Luc Lagarce, *Juste la fin du monde* (1990)

Suzanne. – Je pensais, lorsque tu es parti
(ce que j'ai pensé lorsque tu es parti),
lorsque j'étais enfant et lorsque tu nous as faussé compagnie (là que ça commence), […]
je pensais que ton métier était d'écrire (serait d'écrire)

a. Soulignez les prop. sub. circonstancielles CC de temps.

b. Observez leur progression : quel reproche est implicitement présent dans ce rappel des circonstances passées ?

5 Analyser l'emploi des subordonnées circonstancielles ★ ★ ★

Molière, *Le Malade imaginaire, acte III, scène 5* (1673)

Monsieur Purgon. – Mais puisque vous n'avez pas voulu guérir par mes mains.
Argan. – Ce n'est pas ma faute.
Monsieur Purgon. – Puisque vous vous êtes soustrait de l'obéissance que l'on doit à son médecin.
Toinette. – Cela crie vengeance.
Monsieur Purgon. – Puisque vous vous êtes déclaré rebelle aux remèdes que je vous ordonnais…
Argan. – Hé ! point du tout.
Monsieur Purgon. – J'ai à vous dire que je vous abandonne à votre mauvaise constitution, à l'intempérie de vos entrailles, à la corruption de votre sang, à l'âcreté de votre bile, et à la féculence de vos humeurs.

a. Soulignez les prop. sub. circonstancielles. Précisez leur fonction.

b. Comment Monsieur Purgon justifie-t-il l'arrêt des soins ? Quelle satire des médecins est présente ici ?

43 Les propositions subordonnées relatives

1 Les pronoms relatifs

- **Introduisent la proposition subordonnée relative.**
- Ont **une fonction** à l'intérieur de la prop. sub. relative.
- Reprennent (généralement) un nom ou pronom appelé l'**antécédent**.

Pronoms simples

(ce) qui, que, quoi, dont, où, quiconque, à qui, à quoi

*Ex. : le roman [**que** je lis] → que* = COD de *lis* ;
*ce roman [**dont** le héros est célèbre]*
→ *dont* = C. du nom *héros*.

Pronoms composés

lequel, auquel, duquel

Attention, ils s'accordent avec l'antécédent :
lesquels, auxquels, desquels ; laquelle, etc.
*Ex. : la pièce [**à laquelle** je pense]*
→ *à laquelle* = COI de *pense*.

2 La proposition subordonnée relative

Avec antécédent

Fonction : **épithète**.
Ex. : le roman [que je lis], [dont je parle], [auquel je pense].

Explicative

Elle peut être supprimée.
Ex. : Ce roman [qui a été écrit au XIXe siècle] fit scandale.
= Ce roman fit scandale.

Déterminative

Sa suppression affecte le sens de la phrase.
Ex. : C'est la chose [que je redoute le plus]. ≠ *C'est la chose.*

Sans antécédent

Fonction : peuvent avoir **toutes les fonctions du GN** (sujet, COD, CC...).
Ex. : [Quiconque a menti] (sujet) *sera puni. Je ferai [ce que je veux]* (COD).

Exercices

1 Repérer les propositions subordonnées relatives ★

Jean-Luc Lagarce, *Juste la fin du monde* (1990)

1. Louis. – [...] Je compris que cette absence d'amour dont je me plains
et qui toujours fut pour moi l'unique raison de mes lâchetés,
sans que jamais jusqu'alors je ne la voie,
que cette absence d'amour fit toujours plus souffrir les autres que moi. [...]
2. Louis. – [...] Ce que je pense
(et c'est cela que je voulais dire)
c'est que je devrais pousser un grand et beau cri,
un long et joyeux cri qui résonnerait dans toute la vallée,
que c'est ce bonheur-là que je devrais m'offrir [...].

Soulignez les propositions subordonnées relatives et entourez les pronoms relatifs.

2 Identifier les propositions subordonnées relatives, avec ou sans antécédent *

a. Dans ces citations de Mme de Lafayette, entourez les propositions subordonnées relatives, et soulignez l'antécédent s'il est présent.

1. Son père était mort jeune, et l'avait laissée sous la conduite de Mme de Chartres, sa femme, dont le bien, la vertu et le mérite étaient extraordinaires.

2. Songez ce que vous devez à votre mari ; songez ce que vous vous devez à vous-même [...].

3. Ces paroles, qu'elles croyaient si indifférentes, ne l'étaient pas pour M. de Clèves.

b. Dans quelle phrase trouve-t-on des propositions subordonnées relatives sans antécédent ?

....

....

3 Distinguer relative déterminative et relative explicative ★

a. Soulignez les propositions subordonnées relatives déterminatives, et entourez les explicatives.

1. Il y eut des moments où cette compréhension s'efforça de dépasser l'humain, alla du nageur à la vague (**M. Yourcenar**).

2. À ses moments de loisir, qui étaient peu fréquents, tout en haïssant les livres, il lisait ; ce qui fait qu'il n'était pas complètement illettré (**V. Hugo**).

b. Comment peut-on les distinguer ?

....

....

4 Former des propositions subordonnées relatives ★

Associez les deux phrases en une phrase unique avec une relative, selon l'exemple suivant.

Ex. : Molière a écrit des comédies. Il y peint les vices.

= Molière a écrit des comédies dans lesquelles il peint les vices.

1. Selon La Fontaine, la fable comporte deux parties, l'histoire et la morale. Ce sont le corps et l'âme de la fable.

....

....

....

2. Montaigne évoque le cas des barbares. Leur altérité et leurs mœurs interrogent notre civilisation.

....

....

....

3. Au XVIIIe siècle, le public raffolait des romans épistolaires. Dans ceux-ci, l'intrigue se dévoile à travers des lettres.

....

....

....

5 Identifier la fonction de la proposition subordonnée relative sans antécédent ★ ★

Soulignez les relatives sans antécédent. Indiquez leur fonction dans la phrase.

1. Et j'ai vu quelquefois ce que l'homme a cru voir ! (**A. Rimbaud**)

➜ Fonction : ....

2. Quiconque aima jamais porte une cicatrice (**A. de Musset**).

➜ Fonction : ....

3. Et qui peut fuir ce qu'il aime ? (**A. de Noailles**)

➜ Fonction : ....

4. C'est ce qu'on a jamais écrit de plus touchant (**M. Proust**).

➜ Fonction : ....

5. Voyons, fais-toi violence — réfléchis un instant, un seul instant à ce que je te dis (**A. de Musset**).

➜ Fonction : ....

6 Identifier la fonction du pronom relatif ★ ★

Entourez les pronoms relatifs et précisez leur fonction dans la relative. Surlignez l'antécédent.

1. C'était une nuit tiède dont l'ombre caressante et profonde semblait pleine de bruits légers, de frôlements, de souffles (**G. de Maupassant**).

➜ Fonction du pronom dans la relative : ....

2. Madame de Rênal eut un sang-froid inaltérable pendant toute cette pénible conversation, de laquelle dépendait la possibilité de vivre encore sous le même toit avec Julien (**Stendhal**).

➜ Fonction du pronom dans la relative : ....

....

3. Le roman naturaliste [...] est une expérience véritable que le romancier fait sur l'homme (**É. Zola**).

➜ Fonction du pronom dans la relative : ....

....

4. Fourmis, petites perles noires dont le fil est cassé (**J. Renard**).

➜ Fonction du pronom dans la relative : ....

....

7 Analyser l'utilisation des relatives dans un éloge ★ ★ ★

Jean de La Fontaine, « Les Lapins », *Fables* (1678-1694)

Le fabuliste adresse ces vers au duc de La Rochefoucault, son protecteur.

[...] Vous qui m'avez donné ce qu'il a de solide,
Et dont la modestie égale la grandeur,
Qui ne pûtes jamais écouter sans pudeur
La louange la plus permise,
La plus juste et la mieux acquise,
Vous enfin dont à peine ai-je encore obtenu
Que votre nom reçût ici quelques hommages,
Du temps et des censeurs défendant mes ouvrages,
Comme un nom qui des ans et des peuples connu,
Fait honneur à la France, en grands noms plus féconde
Qu'aucun climat de l'univers,
Permettez-moi du moins d'apprendre à tout le monde
Que vous m'avez donné le sujet de ces vers.

a. Soulignez les propositions subordonnées relatives. Entourez l'antécédent.

b. Quel portrait de La Rochefoucault dessinent-elles ?

....

....

....

....

....

....

44 La concordance des temps

Temps de la proposition principale	Temps de la proposition subordonnée		
	Antériorité	Simultanéité	Postériorité
➡ **Présent** *Ex. : Je comprends…*	➡ Indicatif passé composé, imparfait. *Ex. : qu'il **a dormi**, qu'il **dormait**.*	➡ Indicatif présent. *Ex. : qu'il **dort**.*	➡ Indicatif futur, futur antérieur. *Ex : qu'il **dormira**, qu'il **aura dormi** demain.*
Ex. : Je doute…	➡ Subjonctif passé. *Ex. : qu'il **ait dormi**.*	➡ Subjonctif présent. *Ex. : qu'il **dorme**.*	➡ Subjonctif présent. *Ex. : qu'il **dorme** demain.*
➡ **Passé** *Ex. : Je compris/comprenais…*	➡ Indicatif plus-que-parfait, passé antérieur. *Ex. : qu'il **avait dormi**, quand il **eut dormi**.*	➡ Indicatif imparfait ou passé simple. *Ex. : qu'il **dormait**, lorsqu'il **rêva**.*	➡ Conditionnel présent ou passé. *Ex : qu'il **dormirait**, qu'il **aurait dormi** le lendemain.*
Ex. : Je doutai/doutais…	➡ Subjonctif passé ou plus-que parfait. *Ex. : qu'il **ait/eût dormi**.*	➡ Subjonctif présent ou imparfait. *Ex. : qu'il **dorme/dormît**.*	➡ Subjonctif présent ou imparfait. *Ex. : qu'il **dorme/dormît** le lendemain.*

Exercices

1 Respecter la concordance des temps ★

Réécrivez chaque phrase en mettant le verbe souligné au temps entre parenthèses. Faites toutes les modifications nécessaires.

1. À peine ont-ils mis le pied dans la ville en pleurant la mort de leur bienfaiteur, qu'ils sentent (→ **passé simple**) la terre trembler sous leurs pas ; la mer s'élève en bouillonnant dans le port, et brise les vaisseaux qui sont à l'ancre (**Voltaire**).

……………………………………………………

……………………………………………………

……………………………………………………

……………………………………………………

……………………………………………………

2. Et même après que le docteur Rieux eut reconnu devant son ami qu'une poignée de malades dispersés venaient, sans avertissement, de mourir de la peste, le danger demeurait (→ **présent**) irréel pour lui (**A. Camus**).

……………………………………………………

……………………………………………………

……………………………………………………

……………………………………………………

3. Ce qui aura lieu cette nuit dans l'enclave du bloc, l'idée qu'ils s'en font […], tout cela les épouvante (→ **imparfait**) mais ils veulent savoir (**M. de Kerangal**).

……………………………………………………

……………………………………………………

……………………………………………………

2 Analyser l'emploi des temps ★ ★

Michel de Montaigne, *Essais*, « Au lecteur » (1580)

C'est ici un livre de bonne foi, lecteur. Il t'avertit, dès l'entrée, que je ne m'y suis proposé aucune fin, que domestique et privée. Je n'y ai eu nulle considération de ton service, ni de ma gloire. […] Je veux qu'on m'y voie en ma façon simple, naturelle et ordinaire, sans contention et artifice : car c'est moi que je peins. Mes défauts s'y liront au vif, et ma forme naïve, autant que la révérence publique me l'a permis.

Orthographe modernisée par les auteurs.

a. Quel est le temps de référence de ce texte ?

……………………………………………………

……………………………………………………

b. Soulignez les verbes exprimant des actions antérieures, surlignez les verbes exprimant des actions postérieures.

c. Montrez que cet extrait exprime à la fois la démarche accomplie et les attentes de l'auteur.

……………………………………………………

……………………………………………………

……………………………………………………

……………………………………………………

……………………………………………………

……………………………………………………

……………………………………………………

45 Énonciation et modalisation

1 La situation d'énonciation

- Répond à 5 questions : ***qui parle ? à qui ? quand ? où ? dans quel but ?***
- Visible à des **marques de l'énonciation** (1re ou 2e pers., présent et futur...) qui peuvent être :

présentes → **Énoncé ancré dans la situation d'énonciation**

Ex. : Aujourd'hui, je t'écris cette lettre.

absentes → **Énoncé coupé de la situation d'énonciation**

Ex. : En 1944, il écrivit une lettre à sa bien-aimée.

2 La modalisation

- L'énoncé modalisé comporte un **jugement subjectif**.
- Exprimée par des **modalisateurs**.

Doute/certitude

Modalisateurs : lexique (*sûr, certain, sans doute, certainement*...), verbes (*devoir, pouvoir*...), mode conditionnel...

Jugement de valeur (positif/négatif)

Modalisateurs : lexique mélioratif/péjoratif, hyperboles, métaphores...

Sentiments (peur, joie, regret...)

Modalisateurs : lexique des sentiments, adverbes (*heureusement*...), mode subjonctif...

Exercices

1 Distinguer énoncé ancré et énoncé coupé ★

Pour chacune de ces citations de Stendhal, cochez la case qui convient. Si l'énoncé est ancré, soulignez les marques de l'énonciation.

1. Le lecteur voudra bien nous permettre de donner très peu de faits clairs et précis sur cette époque de la vie de Julien.

☐ énoncé ancré ☐ énoncé coupé

2. La vie de Julien se composait ainsi d'une suite de petites négociations ; et leur succès l'occupait beaucoup plus que le sentiment de préférence marquée qu'il n'eût tenu qu'à lui de lire dans le cœur de Mme de Rênal.

☐ énoncé ancré ☐ énoncé coupé

3. Les salons que ces messieurs traversèrent au premier étage, avant d'arriver au cabinet du marquis, vous eussent semblé, ô mon lecteur, aussi tristes que magnifiques. On vous les donnerait tels qu'ils sont, que vous refuseriez de les habiter [...].

☐ énoncé ancré ☐ énoncé coupé

2 Analyser un énoncé modalisé ★ ★ ★

Jean de La Fontaine, « Les Animaux malades de la peste », *Fables* (1678-1694)

Frappés par une peste, les animaux cherchent lequel d'entre eux a offensé le ciel.

[…] L'Âne vint à son tour, et dit : « J'ai souvenance
Qu'en un pré de moines passant,
La faim, l'occasion, l'herbe tendre, et je pense
Quelque diable aussi me poussant,
Je tondis de ce pré la largeur de ma langue.
Je n'en avais nul droit, puisqu'il faut parler net. »
À ces mots, on cria haro sur le baudet.
Un Loup quelque peu clerc, prouva par sa harangue
Qu'il fallait dévouer ce maudit animal,
Ce pelé, ce galeux, d'où venait tout leur mal.
Sa peccadille fut jugée un cas pendable.
Manger l'herbe d'autrui ! quel crime abominable !
Rien que la mort n'était capable
D'expier son forfait : on le lui fit bien voir.
Selon que vous serez puissant ou misérable,
Les jugements de cour vous rendront blanc ou noir.

a. Quelle faute l'âne avoue-t-il, v. 1-6 ?

b. Soulignez les expressions péjoratives qui portent un jugement négatif sur l'âne.

c. Y-a-t-il une juste mesure entre la faute de l'âne et le jugement de valeur porté sur lui ?

46 Les discours rapportés

Discours rapportés

Paroles d'un personnage que le texte donne à entendre.

Discours direct

- Guillemets ou tirets.
- **Verbe de parole.**
- Marques d'oralité, ponctuation expressive (!, ?).

Ex. : « Je suis surprise, ***déclara-t-elle****. Pourquoi es-tu revenu ? »*

Discours indirect

- Pas de guillemets.
- **Verbe de parole obligatoire** + prop. sub. (conjonctive complétive ou interrogative indirecte) ou groupe infinitif.
- **Changement de temps et de personne** par rapport au discours direct. → **fiche 44, p. 90**

Ex. : Elle ***déclara*** *[qu'elle était surprise] et elle* ***demanda*** *[pourquoi il était revenu].*

Discours indirect libre

- **Ni verbe de parole, ni guillemets.**
- Marques d'oralité et ponctuation expressive (!, ?).
- Changement de personne et de temps par rapport au discours direct. → **fiche 44, p. 90**

Ex. : Quelle surprise ! Pourquoi était-il revenu ?

Discours narrativisé

- Paroles résumées.
- Présence du champ lexical de la parole.

Ex. : Elle ***s'étonna*** *de son retour.*

Exercices

1 Identifier les caractéristiques des discours rapportés ★

Identifiez les types de discours rapportés. Justifiez votre réponse en entourant leurs caractéristiques.

1. Un octogénaire plantait.
« Passe encore de bâtir ; mais planter à cet âge ! »
Disaient trois jouvenceaux, enfants du voisinage
(J. de La Fontaine).

- Discours : ....

2. Au dîner, le marquis, voulant lui adresser la parole, lui demanda des nouvelles de sa promenade ; Norbert se hâta de répondre en termes généraux **(Stendhal).**

- Discours : ....

3. Il dit que quant à lui il a été l'instrument de son propre malheur **(M. Duras).**

- Discours : ....

2 Comprendre l'emploi des temps au discours indirect ★

Dans cette copie, un élève transpose du discours direct en discours indirect. Complétez-la en conjuguant les verbes au temps et mode qui conviennent.
→ **fiche 44, p. 90**

« Jacques, mon ami, vous êtes un philosophe, j'en suis fâché pour vous ; et s'il est permis de lire dans les choses présentes celles qui doivent arriver un jour, [...] je présume que votre mort sera philosophique et que vous recevrez le lacet d'aussi bonne grâce que Socrate reçut la coupe de la ciguë. » **(D. Diderot)**

Dans *Jacques le Fataliste*, le maître disait à Jacques qu'il *(être)* .... un philosophe et qu'il en *(être)* .... fâché pour lui, et que, s'il *(être permis)* .... de lire dans les choses présentes celles qui *(devoir)* .... arriver un jour, il *(présumer)* .... que la mort de Jacques *(être)* .... philosophique et qu'il *(recevoir)* .... le lacet d'aussi bonne grâce que Socrate *(recevoir)* .... la coupe de la ciguë.

3 Identifier le discours indirect libre ★★

Émile Zola, *Nana* (1880)

La prostituée Nana se dispute avec Muffat, qui lui a donné sa fortune. Elle menace de rompre.

Elle était allée ouvrir la porte. Il ne sortit pas. Maintenant, c'était sa façon de l'attacher davantage ; pour un rien, à la moindre querelle, elle lui mettait le marché en main, avec des réflexions abominables. Ah bien ! elle trouverait toujours mieux que lui, elle avait l'embarras du choix ; on ramassait des hommes dehors, tant qu'on en voulait, et des hommes moins godiches, dont le sang bouillait dans les veines.

a. Soulignez le passage au discours indirect libre.

b. Quels indices permettent de repérer ce discours (ponctuation, lexique, niveau de langue) ?

4 Transposer au discours indirect ★★

Transposez au discours indirect. Veillez aux temps des verbes.

« Elles s'amuseront bien demain, dit le père Goriot à Eugène quand ils furent seuls. Elles vont à un grand bal. » **(H. de Balzac)**

5 Transposer au discours direct ★★

Transposez au discours direct. Veillez à l'emploi des pronoms et aux temps des verbes.

Madame se retourna vers lui, et lui dit que, s'il voulait revenir chez elle le lendemain, elle lui ferait voir cette beauté dont il était si touché **(Mme de Lafayette)**.

6 Identifier et analyser l'emploi des paroles rapportées ★★

Montesquieu, *Lettres persanes* (1721)

Je ne saurais assez te parler de la vertu des Troglodytes. Un d'eux disait un jour : « Mon père doit demain labourer son champ : je me lèverai deux heures avant lui ; et quand il ira à son champ, il le trouvera tout labouré. »
Un autre disait en lui-même : « Il me semble que ma sœur a du goût pour un jeune Troglodyte de nos parents ; il faut que je parle à mon père, et que je le détermine à faire ce mariage. »
On vint dire à un autre que des voleurs avaient enlevé son troupeau : « J'en suis bien fâché, dit-il ; car il y avait une génisse toute blanche, que je voulais offrir aux dieux. »

a. Quel discours rapporté domine dans cet extrait ?

b. Pourquoi rapporter les paroles des Troglodytes ? Que révèlent-elles de leur caractère ?

7 Commenter l'effet des discours indirect et narrativisé ★★★

Mme de Lafayette, *La Princesse de Clèves* (1678)

M. d'Anville vient de raconter à M. de Clèves, narrateur de cet extrait, que le roi s'est brouillé avec sa maîtresse.

Sitôt que Monsieur d'Anville eut achevé de me conter cette nouvelle, je me rapprochai de Sancerre pour la lui apprendre ; je la lui dis comme un secret que l'on venait de me confier et dont je lui défendais d'en parler.
Le lendemain matin, j'allai d'assez bonne heure chez ma belle-sœur ; je trouvai Madame de Tournon au chevet de son lit. [...] Sancerre avait été chez elle au sortir de la comédie. Il lui avait appris la brouillerie du roi avec cette duchesse, et Madame de Tournon était venue la conter à ma belle-sœur, sans savoir ou sans faire réflexion que c'était moi qui l'avais apprise à son amant.
Sitôt que je m'approchai de ma belle-sœur, elle dit à Madame de Tournon que l'on pouvait me confier ce qu'elle venait de lui dire et, sans attendre la permission de Madame de Tournon, elle me conta mot pour mot tout ce que j'avais dit à Sancerre le soir précédent.

a. Soulignez les passages au discours narrativisé et surlignez ceux au discours indirect.

b. Faites la liste des personnages qui ont révélé le « secret ».

c. Quel regard le roman porte-t-il sur la façon dont les secrets sont gardés à la cour ?

8 Utiliser les discours rapportés dans une argumentation ★★★

Dans un paragraphe argumenté, montrez que la littérature nous amène à être tolérants et à ne pas rejeter l'autre par peur ou par ignorance. Vous citerez les auteurs suivants en prenant soin d'utiliser différents types de discours rapportés (direct, indirect ou narrativisé).

– « Chacun appelle barbarie ce qui n'est pas de son usage » **(Montaigne)**.

– « "Habitudes de sauvages", "cela n'est pas de chez nous", "on ne devrait pas permettre cela", etc., autant de réactions grossières qui traduisent ce même frisson, cette même répulsion, en présence de manières de vivre, de croire ou de penser qui nous sont étrangères » **(C. Lévi-Strauss)**.

– « Nous sommes habitués depuis l'enfance à préférer nos propres usages qui nous semblent supérieurs » **(J.-C. Carrière)**.

47 L'interrogation directe et indirecte

1 L'interrogation directe

- Proposition principale ou indépendante.
- Finit par un point d'interrogation.
- Inversion sujet-verbe (sauf si le mot interrogatif est sujet).

Interrogation totale (fermée)

- **Réponse *oui/non*.**
- Pas de mot interrogatif, ou tournure *est-ce-que*.

*Ex. : Viens-tu ? **Est-ce que** tu viens ?*

Interrogation alternative

- **Présence d'un *ou*.**
- Les choix s'excluent l'un l'autre.
- Pas de mot interrogatif, ou tournure *est-ce-que*.

*Ex. : Pars-tu **ou** restes-tu ?*

Interrogation partielle (ouverte)

Présence d'un mot interrogatif :
- adverbes : *quand, où, combien, pourquoi... ?*
- déterminants : *quel* + nom ?
- pronoms : *qui ? quoi ? que ? lequel ?*

*Ex. : **Quand** part-il ? **Quel** train prend-il ? **Que** dit-il ?*

2 L'interrogation indirecte

- **Proposition subordonnée COD d'un verbe** exprimant la question, la recherche.
- **Pas de point d'interrogation.**
- Mot interrogatif en début de proposition ; pas de tournure *est-ce que*.
- Pas d'inversion du sujet quand sujet = pronom *je, tu, il, ce...*

Interrogation totale (fermée)

- **Réponse *oui/non*.**
- Introduite par ***si***.

*Ex. : Je te demande [**si** tu viens].*

Interrogation alternative

- **Présence d'un *ou*.**
- Introduite par ***si***.

*Ex. : Je te demande [**si** tu pars **ou** **si** tu restes].*

Interrogation partielle (ouverte)

Présence d'un mot interrogatif :
- mêmes adverbes, déterminants, pronoms que pour l'interrogation directe ;
- sauf *que*, remplacé par **ce que/ce qui**.

*Ex. : Je demande [**quand** il part], [**quel** train il prend], [**ce qu'**il dit].*

Remarque
→ Une **question rhétorique** n'attend pas de réponse et sert à interpeller le lecteur.
→ Une question peut servir d'**injonction** (par politesse, par moquerie...).

Exercices

1 Repérer les outils interrogatifs ★

Stendhal, *Le Rouge et le Noir* (1830)

Alors qu'il séduisait une serveuse dans un café, Julien se sent provoqué par un client.

[Julien] se leva transporté de colère ; mais il ne savait comment s'y prendre pour être insolent. Il posa son petit paquet, et, de l'air le plus dandinant qu'il put, marcha vers le billard. […]
– Gardez-vous de regarder de travers ce monsieur, c'est mon beau-frère.
– Que m'importe ? il m'a regardé. […]
– Sans doute il vous a regardé, mais c'est au moment où il me demandait qui vous êtes ; c'est un homme qui est manant avec tout le monde, il n'a pas voulu vous insulter.

Observez les mots soulignés : entourez ceux qui introduisent des propositions interrogatives.

2 Identifier les interrogatives ★

Montesquieu, *Lettres persanes* (1721)

1. Que vous ont fait les Troglodytes ? **2.** Ont-ils enlevé vos femmes, dérobé vos bestiaux, ravagé vos campagnes ? Non : nous sommes justes, et nous craignons les dieux. **3.** Que voulez-vous donc de nous ? **4.** Voulez-vous de la laine pour vous faire des habits ? **5.** Voulez-vous du lait de nos troupeaux, ou des fruits de nos terres ? Posez bas les armes ; venez au milieu de nous, et nous vous donnerons de tout cela.

a. Surlignez les mots interrogatifs. Quelles interrogatives repérez-vous dans chaque phrase ?

1. que vous **2.** pas de mot interrogatif
3. que voulez-vous **4.** voulez-vous
5. voulez-vous

b. Transposez les interrogatives directes en interrogatives indirectes.

Je vous demande ce que vous ont fait les Troglodytes.

c. Quels changements constatez-vous ?

3 Repérer les interrogatives indirectes ★ ★

Michel de Montaigne, *Essais,* « Des cannibales » (1580)

Montaigne interroge un « sauvage », à l'aide d'un interprète.

Sur ce que je lui demandai quel fruit il recevait de la supériorité qu'il avait parmi les siens […], il me dit que c'était marcher le premier à la guerre ; de combien d'hommes il était suivi, il me montra un espace de lieu […] (ce pouvait être quatre ou cinq mille hommes) ; si hors la guerre toute son autorité était expirée, il dit qu'il lui en restait cela que, quand il visitait les villages qui dépendaient de lui, on lui dressait des sentiers au travers des haies de leurs bois, par où il pût passer bien à l'aise.

a. Surlignez les mots interrogatifs.

b. Soulignez les interrogatives totales, surlignez les alternatives, entourez les partielles.

c. Transformez les interrogatives indirectes en interrogatives directes, en conservant les personnes et les temps verbaux.

d. Qu'apporte, selon vous, le choix des interrogatives indirectes ?

4 Distinguer les interrogatives ★ ★

Voltaire, *L'Ingénu* (1767)

L'impitoyable bailli, qui ne pouvait réprimer sa fureur de questionner, poussa enfin la curiosité jusqu'à s'informer de quelle religion était monsieur le Huron ; s'il avait choisi la religion anglicane, ou la gallicane, ou la huguenote. « Je suis de ma religion, dit-il, comme vous de la vôtre. […] – Eh ! mon Dieu, disait Mlle de Saint-Yves, comment se peut-il que les Hurons ne soient pas catholiques ? Est-ce que les révérends pères jésuites ne les ont pas tous convertis ? »

a. Surlignez les interrogatives directes. Quels sentiments traduisent les questions posées ?

b. Soulignez les interrogatives indirectes.

c. Pour quelle raison l'auteur a-t-il choisi d'employer des interrogatives directes et indirectes ?

5 Commenter l'effet des interrogatives ★ ★ ★

Mme de Lafayette, *La Princesse de Clèves* (1678)

Madame de Clèves vient d'avouer qu'elle aime un autre homme que son mari, qui l'interroge.

Et qui est-il, Madame, cet homme heureux qui vous donne cette crainte ? Depuis quand vous plaît-il ? Qu'a-t-il fait pour vous plaire ? Quel chemin a-t-il trouvé pour aller à votre cœur ? Je m'étais consolé en quelque sorte de ne l'avoir pas touché par la pensée qu'il était incapable de l'être. Cependant un autre fait ce que je n'ai pu faire […]. Vous me rendez malheureux par la plus grande marque de fidélité que jamais une femme ait donnée à son mari. Mais, Madame, achevez et apprenez-moi qui est celui que vous voulez éviter.

a. Relevez les mots interrogatifs. Sur quoi les questions portent-elles ?

b. Commentez l'effet produit par l'organisation de ces questions dans le discours du mari.

48 L'expression de la négation

1 Phrase à la forme négative

Le verbe conjugué est nié.

Adverbe de négation ***ne/n'*** + **un autre terme :**
- adverbe (***pas, point***) ;
- pronom (***personne, rien, nul***) ;
- déterminant (***aucun, nul*** **+ nom**) ;

*Ex. : Elle **n'**est **pas** là.*

Parfois, *ne* suffit à exprimer la négation. *Ex. : Je **ne** sais.*

Négation absolue

Ne + ***pas, point, nullement, aucunement***

Le fait tout entier est nié.

*Ex. : Je **ne** parle **pas** anglais.*

Négation partielle ou relative

Ne + ***personne, rien, nulle part, aucun, jamais, plus, guère...***

Un aspect particulier est nié : temps, lieu, etc.

*Ex. : Je **n'**ai **plus** d'espoir.*

Négation restrictive

Ne + ***que***

Équivaut à l'adverbe *seulement*.

*Ex. : Elle **n'**aime **que** les romans d'aventures.*

2 Les autres procédés de la négation

Un autre mot que le verbe est nié.

Ex. : Pas mécontent, il sourit.

Ajout de mot négatif

- Adverbe (***non, pas, nullement, jamais...***).
- Préposition (***sans***).
- Conj. de coordination (***ni***), de subordination (***sans que, non que***).

*Ex. : **nullement** inquiet, **sans** parler, **ni** beau **ni** laid.*

Préfixes négatifs

Préfixes d'origine grecque (***anti-, a-/an-***) ou latine (***ir-/il-/im-, dé-/dés-, mé-/més-***).

*Ex. : **anti**clérical, **dés**espoir, **im**possible.*

Lexique de l'absence, de la négation

Ex. : Il manque de force. (= Il n'a pas de force.)

Emploi d'antonymes

Ex. : Il est faible. (= Il n'est pas fort.)

Exercices

1 Identifier la forme négative ★

Surlignez les termes de négation, puis indiquez la portée de la négation (absolue, restrictive, relative).

1. Tout cela ne va pas trop mal **(M. de Montaigne)**.

Portée de la négation : ....

2. Non, je ne consentirai jamais à ce mariage **(Molière)**.

Portée de la négation : ....

3. Peu à peu, c'était de ma faute, ce ne pouvait être que de ma faute **(J.-L. Lagarce)**.

Portée de la négation : ....

4. Mais quoi ! ils ne portent point de hauts-de-chausses **(M. de Montaigne)**.

Portée de la négation : ....

2 Identifier les procédés de négation ★

a. **Ces phrases sont-elles négatives ou affirmatives ?**

b. **Dans les phrases négatives, surlignez les termes de négation. Dans les affirmatives, soulignez les autres procédés de négation.**

1. Mon respect me condamne au silence ; et je mourrai du moins sans avoir eu le malheur de lui déplaire **(Marivaux)**.

☐ phrase affirmative ☐ phrase négative

2. Ils ne parlent que trop souvent de la beauté de leur pays **(Stendhal)**.

☐ phrase affirmative ☐ phrase négative

3. On est invulnérable. Une tendresse vous envahit, vous submerge, la variété de tendresse des batailles : on est tendre parce qu'on est impitoyable **(J. Giraudoux)**.

☐ phrase affirmative ☐ phrase négative

4. En vérité, je ne sais comment je n'eus pas le plus grand succès **(Beaumarchais)**.

☐ phrase affirmative ☐ phrase négative

3 Utiliser les procédés exprimant la négation ★★

Niez chaque phrase affirmative : **a.** en la transformant en phrase négative ; **b.** en utilisant un autre procédé de la négation (antonyme, préfixe, mot négatif...).

1. Il se comporte toujours comme un héros.

a. ....

....

b. ....

....

2. L'autre est souvent semblable à nous.

a. ....

....

b. ....

....

3. Pour le poète, un objet moderne peut être beau.

a. ....

....

b. ....

....

4. L'art doit être utile.

a. ....

....

b. ....

....

4 Analyser l'emploi de la négation ★★

Marguerite Yourcenar, *Mémoires d'Hadrien* (1951)

Quand je considère ma vie, je suis épouvanté de la trouver informe. L'existence des héros, celle qu'on nous raconte, est simple : elle va droit au but comme une flèche. […] Ma vie a des contours moins fermes. Comme il arrive souvent, c'est ce que je n'ai pas été, peut-être, qui la définit avec plus de justesse : bon soldat, mais point grand homme de guerre, amateur d'art, mais point cet artiste que Néron crut être à sa mort, capable de crimes, mais point chargé de crimes.

a. Analysez la formation du mot « informe ».

....

....

b. Surlignez les expressions qui expliquent ce que le héros n'a pas été.

c. En quoi les négations mettent-elles au jour la singularité du narrateur ?

....

....

....

....

....

....

....

5 Commenter l'utilisation de la phrase négative ★★

Mme de Lafayette, *La Princesse de Clèves*, (1678)

Mme de Clèves vient d'avouer à son mari qu'elle aime un autre homme.

Il est aisé de s'imaginer en quel état ils passèrent la nuit. Monsieur de Clèves avait épuisé toute sa constance à soutenir le malheur de voir une femme qu'il adorait, touchée de passion pour un autre. Il ne lui restait plus de courage, il croyait même n'en devoir pas trouver dans une chose où sa gloire et son honneur étaient si vivement blessés. Il ne savait plus que penser de sa femme ; il ne voyait plus quelle conduite il lui devait faire prendre, ni comment il se devait conduire lui-même, et il ne trouvait de tous côtés que des précipices et des abîmes.

a. Surlignez les termes de négation dans les phrases négatives.

b. Quel terme revient le plus souvent ? Commentez sa présence.

....

....

....

....

....

c. Sur quelle métaphore le texte s'achève-t-il ? Quel effet les négations et cette image produisent-elles ?

....

....

....

....

....

....

6 Utiliser la négation dans un texte ★★★

Dans un texte court, vous présenterez le héros d'une œuvre (pièce de théâtre, roman) étudiée en classe, en utilisant des phrases négatives pour montrer sa singularité (*ex. : Ce héros n'est pas seulement... Il n'est que... Il n'est jamais...*).

49 Lire un texte et dégager un projet de lecture

Étape 1 — Faire une première lecture - Effectuer des repérages

Lisez entièrement le texte et son paratexte (chapeau introductif, nom d'auteur, date, titre) :
- notez au brouillon le sens général et vos premières impressions (amusement, surprise, avis sur les personnages, etc.) ;
- mobilisez vos connaissances sur l'objet d'étude et sur le contexte d'écriture du texte.

Pour vérifier et approfondir ces premières hypothèses, procédez à des repérages généraux.

Qui parle ?
- **Récit :** narrateur à la 1re personne, 3e personne ? Narrateur-personnage ou extérieur à l'histoire ?
- **Poésie :** présence du poète ? Subjectivité ?
- **Théâtre :** monologue ou dialogue ? Nature de l'échange ? Volume des répliques ?
- **Argumentation :** marques de présence de l'énonciateur ? Impression d'objectivité ou de subjectivité ?

De quoi / de qui est-il question ?
- **Texte narratif :** que se passe-t-il ? Cadre spatio-temporel ?
- **Texte descriptif :** que décrit-on ?
- **Texte argumentatif :** thème ? Thèse(s) en présence ?

Comment ?
- Tonalité(s) ?
- Types de phrases, structure, articulation ?
- Temps verbaux dominants ?
- Registre(s) de langue ?
- Figures de style ?

Étape 2 — Dégager les enjeux du texte et formuler une problématique

- Ces repérages vont vous permettre de dégager les enjeux du texte, ses caractéristiques et son originalité par rapport aux autres textes du même genre ou sur le même thème.
- À partir de ces hypothèses de lecture, vous pouvez formuler votre problématique : il s'agit de la question à laquelle votre commentaire va répondre, introduite par « comment » ou « en quoi ».
- Elle donnera lieu à une réponse organisée en plusieurs étapes : les parties de votre devoir.

Étape 3 — Analyser et interpréter

- Vous devez à présent justifier vos hypothèses de lecture par des analyses précises qui combinent : **1.** une citation ou un relevé ; **2.** l'identification du procédé ; **3.** l'interprétation des effets produits.
- Chaque hypothèse peut être étudiée à l'aide d'un tableau d'analyse (voir exemple p. 99).

Il faut alors balayer le texte à la recherche d'éléments permettant d'étayer la piste de réflexion.

Étape 4 — Construire un plan de commentaire

Le développement d'un commentaire contient deux ou trois grandes parties (ou axes) qui correspondent aux enjeux dégagés dans l'étape 2. À l'intérieur de ces axes, organisez vos remarques en trois ou quatre sous-parties qui regroupent les analyses dégagées dans l'étape 3.

Exercices

Louis-Ferdinand Céline, *Voyage au bout de la nuit* (1932)

Les huiles ont fini par me laisser tomber et j'ai pu sauver mes tripes, mais j'étais marqué à la tête et pour toujours. Rien à dire. « Va-t'en !… qu'ils m'ont fait. T'es plus bon à rien !…

– En Afrique ! que j'ai dit moi. Plus que ça sera loin, mieux ça vaudra ! » C'était un bateau comme les autres de la Compagnie des Corsaires Réunis qui m'a embarqué. Il s'en allait vers les Tropiques, avec son fret de cotonnades, d'officiers et de fonctionnaires.

Il était si vieux ce bateau qu'on lui avait enlevé jusqu'à sa plaque en cuivre, sur le pont supérieur, où se trouvait autrefois inscrite l'année de sa naissance ; elle remontait si loin sa naissance qu'elle aurait incité les passagers à la crainte et aussi à la rigolade.

On m'avait donc embarqué là-dessus, pour que j'essaye de me refaire aux Colonies. Ils y tenaient ceux qui me voulaient du bien, à ce que je fasse fortune. Je n'avais envie moi que de m'en aller, mais comme on doit toujours avoir l'air utile quand on est pas riche et comme d'autre part je n'en finissais pas avec mes études, ça ne pouvait pas durer. Je n'avais pas assez d'argent non plus pour aller en Amérique. « Va pour l'Afrique ! » que j'ai dit alors et je me suis laissé pousser vers les Tropiques, où, m'assurait-on, il suffisait de quelque tempérance et d'une bonne conduite pour se faire tout de suite une situation.

1 Faire une première lecture

Lisez le texte p. 98 et notez vos premières impressions et observations.

- Premières impressions de lecture : ....

....

- À propos du genre et du contexte : ....

....

....

....

2 Effectuer des repérages

Complétez cette liste pour faire de premiers repérages.

Qui parle ?

- Narrateur : ....

De quoi / de qui est-il question ?

....

Comment ?

- Tonalités : ....
- Construction des phrases : ....

....

- Temps verbaux : ....

....

- Registre de langue : ....
- Figures de style : ....

3 Dégager les enjeux du texte et formuler une problématique

Parmi les hypothèses de lecture suivantes, surlignez celles qui vous paraissent pertinentes et expliquez à l'oral pourquoi les autres ne le sont pas.

1. Un texte provocateur. **2.** Le narrateur est un anti-héros. **3.** Le texte fait l'éloge de l'exotisme et des voyages. **4.** Le registre familier. **5.** Un roman d'inspiration autobiographique. **6.** La focalisation interne. **7.** La critique des institutions. **8.** Un voyageur dépourvu d'illusions.

Parmi les hypothèses précédemment proposées, laquelle peut englober les autres ? Transformez-la en problématique : En quoi / Comment

....

4 Analyser et interpréter

Complétez le tableau d'analyse pour étayer l'hypothèse de lecture suivante : « Un voyageur dépourvu d'illusions ».

Citations et relevés (mots, expressions, courts passages)	Procédés (faits de langue, figures de style, lexique)	Interprétations (effets que les procédés produisent, intentions qu'ils révèlent)
« c'était un bateau comme les autres »	....	....
« Compagnie des Corsaires Réunis »	....	....
« On m'avait donc embarqué »	....	....
« son fret de cotonnades, d'officiers et de fonctionnaires »	....	....
« à la crainte et à la rigolade »	....	....

5 Construire un plan de commentaire

Organisez les pistes proposées en plan détaillé.

Pistes

- La critique d'une certaine tradition romanesque
- Un voyageur dépourvu d'illusions
- Un anti-héros
- Un texte polémique
- La critique des institutions
- Un laissé-pour-compte

Axe I : ....

....

1. ....

....

2. ....

....

Axe II : ....

....

1. ....

....

2. ....

....

50 Rédiger l'introduction et la conclusion d'un commentaire

Étape 1

Rédiger l'introduction

L'introduction doit attirer l'attention du lecteur de la copie. Elle s'organise en quatre étapes :

1. **présenter le texte** : auteur, titre, date de publication + éventuellement, informations sur le contexte historique et/ou littéraire, formes, genres...
2. préciser **les enjeux du texte** étudié ;
3. annoncer **la problématique** (question directe ou indirecte) ;
4. présenter **les axes de lecture**, c'est-à-dire les grandes parties de votre plan.

Étape 2

Rédiger la conclusion

La conclusion doit répondre à deux objectifs :

1. **formuler la réponse à la problématique**, avec concision ;
2. **élargir la réflexion** par une question d'ordre littéraire ou vers un autre texte, sans généralisation excessive.

Conseil Pour vous aider à résumer les idées du développement, vous pouvez employer la formule « nous avons vu que » qu'il vous suffira ensuite de supprimer.

Exercices

1 Comprendre les étapes de l'introduction

Complétez l'introduction proposée pour le commentaire du texte p. 98, en précisant certaines étapes à partir de l'exercice 5 p. 99 et en ajoutant des connecteurs logiques.

1. **Amorce** : Paru en 1932, le roman *Voyage au bout de la Nuit* de Louis-Ferdinand Céline surprend par les audaces que s'autorise l'auteur : la langue, volontiers argotique, rend compte d'une vision pessimiste de l'humanité et des traumatismes vécus par le narrateur.

2. **Présentation** : Ce dernier, réformé pendant la Première Guerre mondiale, décide ....

....

....

3. **Problématique** : On peut........................ se demander

....

....

4. **Annonce du plan** : Après avoir étudié........................

.................................., nous montrerons........................

....

....

2 Comprendre les étapes de la conclusion

Complétez la conclusion proposée pour le commentaire du texte p. 98, en précisant certaines étapes à partir de l'exercice 5 p. 99 et en ajoutant des connecteurs logiques.

1. **Synthèse** : Ainsi, ...

....

....

....

....

....

....

....

....

....

2. **Ouverture** : En dénonçant les atrocités de la guerre puis celles de la colonisation dans son roman, Céline rejoint les écrivains engagés de son époque sans toutefois partager leur appel à la révolte et leur foi en un avenir meilleur. La noirceur du regard que le romancier porte sur l'homme semble .... interdire tout espoir et révèle déjà l'absurdité du monde.

Rédiger un paragraphe de commentaire

51

Étape 1

Annoncer le contenu de la partie

Dans un commentaire, chaque partie ou axe contient deux à trois paragraphes (ou sous-parties). L'ensemble des paragraphes forme le **développement**. Celui-ci rend compte du travail d'analyse et se rédige directement sur la copie.
Commencez chaque partie (ou axe) en annonçant son contenu dans une phrase entière. Celle-ci reprendra, de façon rédigée, le titre indiqué sur votre plan. → fiche 49, étape 4, p. 98

Étape 2

Rédiger les sous-parties

Chaque sous-partie (ou piste) donne lieu à un paragraphe rédigé. → fiche 49, étape 4, p. 98
Celui-ci développe les analyses du tableau et se compose de :
- l'énoncé de **la piste étudiée** ;
- une **justification fondée sur des analyses** ;
- une **phrase de conclusion**.

Étape 3

Rédiger les transitions

Entre les grandes parties (ou axes), rédigez un court paragraphe de transition qui contienne :
- **la synthèse de l'axe développé** ;
- **l'énoncé de l'axe suivant**.

On rédige ensuite les paragraphes d'analyse de la 2e partie.

Exercices

1 Annoncer le contenu de la partie

En vous aidant du brouillon de plan ci-dessous, complétez ce début de partie I (commentaire du texte p. 98).

Plan détaillé (brouillon)

Axe I. Un texte polémique
1. La critique des institutions
2. La critique d'une certaine tradition romanesque

Annonce rédigée à compléter :

Le texte provoque d'abord par sa dimension polémique.

En effet, ...

....

....

2 Comprendre l'organisation d'un paragraphe

Lisez cette sous-partie I. 1, « La critique des institutions », du commentaire du texte p. 98, et répondez aux questions.

La portée polémique du texte s'affirme d'abord à travers la critique des institutions. La hiérarchie militaire est dénigrée par l'emploi irrévérencieux du substantif argotique « les huiles » pour désigner les officiers. De même, la langue populaire tend à dévaluer la blessure de guerre subie par le narrateur : la périphrase dévalorisante « marqué à la tête » ôte ainsi tout titre de gloire au survivant des combats. Par ailleurs, l'emploi du discours direct permet de faire entendre la brutalité des propos tenus par l'institution militaire : l'impératif « Va-t'en » et l'hyperbole « bon à rien », associés à la modalité exclamative, soulignent avec violence son ingratitude. Le texte laisse alors affleurer une critique de la guerre qui réduit les soldats à de la chair à canon comme le rappelle l'expression familière « sauver mes tripes ». En s'attaquant ainsi aux valeurs patriotiques dominantes, le discours du narrateur affiche sa nature contestataire et polémique.

a. Relevez la phrase indiquant l'idée générale du paragraphe.

....

....

....

b. Surlignez les citations, encadrez les procédés mentionnés et soulignez leurs interprétations.

c. Relevez la phrase de conclusion qui rappelle l'enjeu de la sous-partie.

....

....

....

d. Relevez les connecteurs logiques.

....

....

Activité 1

Observer et compléter un commentaire rédigé

Paul Valéry, « Les Pas », *Charmes* (1922)

Tes pas, enfants de mon silence,
Saintement, lentement placés,
Vers le lit de ma vigilance
Procèdent muets et glacés.

Personne pure, ombre divine,
Qu'ils sont doux, tes pas retenus !
Dieux !... tous les dons que je devine
Viennent à moi sur ces pieds nus !

Si, de tes lèvres avancées,
Tu prépares pour l'apaiser,
À l'habitant de mes pensées
La nourriture d'un baiser,

Ne hâte pas cet acte tendre,
Douceur d'être et de n'être pas,
Car j'ai vécu de vous attendre,
Et mon cœur n'était que vos pas.

Voici un exemple de commentaire sur le poème *Les Pas* de Paul Valéry.

Remarque : ce commentaire ne tient pas lieu de modèle mais vous propose une lecture possible parmi d'autres (en particulier, la 3e partie ne saurait être exigée). En effet, plusieurs versions d'un plan ou d'un commentaire sont pertinentes, tant qu'elles sont argumentées et fondées sur le texte.

Lisez le commentaire proposé, répondez aux questions posées dans la colonne de gauche et complétez les pointillés.

[Introduction]

[Présentation générale] Publié en 1922, le recueil *Charmes* regroupe les poèmes écrits par Paul Valéry depuis 1917. Si le titre insiste sur l'idée d'un ensemble de poèmes, puisque le latin *carmina* désigne des « pièces en vers », il joue d'autres connotations, rappelant en particulier le pouvoir magique de la parole poétique et le ravissement qu'elle provoque. *[Enjeux]* Cette polysémie se retrouve dans le poème « Les Pas », dont la dimension allégorique crée différents niveaux de lecture, aucun n'excluant l'autre ; dans une forme simple, le poète exprime ainsi l'émotion liée à l'attente d'un objet dont la nature exacte n'est jamais précisée. *[Problématique]* .... comment est évoquée l'approche discrète d'un être à la fois précieux et indéfini. *[Annonce du plan]* Quel que soit l'objet attendu, la fébrilité du poète est palpable tout au long du poème ; nous verrons ensuite qu'à l'attente amoureuse, assez évidente, se superposent la question de la création poétique et, plus subtilement encore, celle de la finitude humaine.

a. Complétez la problématique en proposant une formule pour l'introduire.

b. En vous aidant du plan détaillé indiqué en bleu entre crochets au fil du commentaire (p. 102-104), soulignez chacun des axes annoncés.

c. Quelle est la fonction de ce premier praragraphe ?

....

....

....

[I. L'expression de l'attente]

[1. Le plaisir de l'attente]

Le poème semble tout entier suspendu à la venue d'un être cher et s'écrit dans la béance ouverte par l'attente.

d. Complétez l'annonce du premier argument avec un connecteur logique

e. Complétez cette phrase en identifiant la figure de style présente dans la citation.

.... le système temporel mis en place exprime subtilement le temps suspendu de l'attente, au présent de l'indicatif, et sa soudaine disparition, avec l'intervention finale du passé composé « ai vécu » (v. 15) et de l'imparfait « était » (v. 16). Le poème s'écrit dans cet intervalle de l'attente, entre la présence et l'absence, explicitement signifiées par l'............................ du vers 14 : « douceur d'être et de n'être pas ». Car c'est le poète lui-même qui semble vouloir retarder la satisfaction de son désir, qui trouve sa volupté dans l'attente : « Ne hâte pas cet acte tendre » (v. 13).

Le rythme apaisé des derniers vers, sans ponctuation interne, développe une impression d'harmonie sereine née de ce suspense entretenu et rejoint le recours au vouvoiement comme moyen de tenir encore à distance l'être désiré.

[2. Un temps en suspens]

f. En exploitant le titre proposé, rédigez la phrase qui introduit la sous-partie I. 2.

....

g. Complétez par les citations attendues.

Les termes « .... » (v. 3), « .... » (v. 6), « préparés » (v. 10), l'impératif « .... » (v. 13) et le verbe « attendre » (v. 15) créent un champ lexical de l'attente, explicité par le dernier mot qui n'arrive d'ailleurs qu'à la fin du poème. Les phrases s'allongent, le poète repoussant les verbes après divers compléments comme pour différer leur venue, allant jusqu'à juxtaposer deux longs adverbes « .... » (v. 2). Ainsi, la proposition principale du troisième quatrain est rejetée au début du suivant, débordant le cadre strict des strophes jusque-là respecté. De même, les fréquentes assonances en nasales, [ã], participent à cette impression de ralentissement tandis que les allitérations en [p], [b], [d] et [t] font presque entendre le bruit des pas et que l'alternance des rimes croisées mime le rythme de la marche.

[II. L'attente de l'être aimé]

h. Entourez chacune des deux étapes de la transition, surlignez les connecteurs logiques qui les indiquent.

Le poème traduit donc les émotions de celui qui attend l'objet de son désir ; la sensualité qui se dégage invite alors à une lecture amoureuse de cette attente.

[1. Un dialogue inégal]

La situation d'énonciation instaure en effet une sorte de dialogue amoureux mais inégal : le poète s'adresse à l'objet attendu mais sa solitude affleure à travers le jeu des pronoms personnels et des possessifs puisqu'il apostrophe une personne absente. Son activité semble se réduire à une sorte de guet : la personnification « tous les dons [...] / Viennent à moi » (v. 7-8) indique un mouvement de l'autre vers le poète qui paraît figé dans une concentration immobile. Ce même mouvement apparaît dans le premier quatrain qui s'ouvre sur « Tes pas » (v. 1) lesquels sont dirigés vers le poète, désigné à travers la métaphore « vers le lit de ma vigilance » (v. 3). Pourtant, le toi et le moi se conjuguent peu à peu dans l'approche, comme s'accordent les pas « muets » du quatrième vers au « silence » (v. 1) du poète.

[2. L'objet du désir]

Si l'identité de l'objet attendu n'est pas précisée, la sensualité qui se dégage du poème laisse imaginer qu'il pourrait s'agir de la personne aimée. La présence de l'autre est ainsi signifiée par l'évocation de son corps depuis ses pieds, à travers les pas, jusqu'à ses lèvres. La mention du « lit » (v. 3) et des « pieds nus » (v. 8) crée une sorte d'intimité tout comme

i. Complétez en proposant un ou deux autres éléments d'analyse pour justifier l'idée d'intimité.

....

.... Le désir se fait alors charnel, comme l'indique discrètement le mot « nourriture » (v. 12), et la rime léonine* entre « attendre » (v. 15) et « acte tendre » (v. 13) invite alors à associer l'attente et le plaisir.

* rime très riche (plus de trois sons communs)

[3. Un objet d'adoration]

j. À l'aide du code couleur proposé, repérez dans ce paragraphe : les citations ; **les procédés d'analyse** ; les interprétations.

Enfin, au-delà du désir, les sentiments du poète paraissent proches d'une forme d'adoration. En effet, la triple exclamation « Qu'ils sont doux ! » (v. 6), « Dieux ! » (v. 7) et « tous les dons ! » (v. 7) exprime une admiration enthousiaste pour un être qui paraît extraordinaire. Cette dimension presque sacrée est préparée par le contexte solennel mis en œuvre dans le poème : le lexique religieux avec les termes « saintement » (v. 2) ou « ombre divine » (v. 5) fait de l'attente un véritable recueillement tandis que le verbe « procèdent » (v. 4), manifestant une certaine hauteur, évoque l'allure majestueuse des pas. D'ailleurs, le passage final au vouvoiement semble traduire l'humilité du poète, impressionné face à ce qui le dépasse.

k. Rédigez la première étape de la transition entre les axes II et III.

[III. Autres lectures]

....

....

....

....

....

Si différents indices invitent à une lecture amoureuse, d'autres permettent d'envisager l'acte d'écrire et la question de la finitude humaine comme autres thèmes possibles.

l. Tout au long du paragraphe III. 1, soulignez les formules qui permettent de nuancer les idées avancées.

[1. La question de la création poétique]

La figure féminine précédemment évoquée pourrait en effet incarner la Muse dont le poète attend la venue. L'attente que relate le poète est donc celle de l'inspiration poétique : elle requiert en toute logique la plus grande « vigilance » et disponibilité. Dès lors, certaines formules s'éclairent : si les « pas » sont « enfantés » par le silence (v. 1), c'est qu'ils sont le fruit même de cette concentration. De même, dans ce contexte, le mot « pieds » (v. 8) peut faire référence aux syllabes qui composent un vers ; s'ils sont encore « nus » (v. 8), c'est qu'ils n'existent qu'en tant que rythme ou mélodie et qu'il faut encore poser des mots sur ce rythme. Dès lors, la périphrase « l'habitant de mes pensées » (v. 11) désigne peut-être le poème en gestation qui mûrit peu à peu dans l'esprit de son créateur. Les adverbes « lentement » et « saintement » (v. 2) semblent alors faire référence à l'application nécessaire à ce travail poétique qui occupe le poète tout entier. Plus spécifiquement, l'adverbe « saintement » entre en résonance avec l'adjectif « divine » (v. 5), rappelant la tradition qui fait du poète un messager des dieux : la rime entre « devine » et « divine » confère un caractère sacré à sa mission créatrice.

m. Quel(s) connecteur(s) pourrai(en)t remplacer « en outre » ?

....

....

....

[2. L'approche de la mort]

En outre, le lecteur est invité à une autre interprétation, initiée par les adjectifs « muets et glacés » (v. 4), péjoratifs voire inquiétants, ou la métonymie « ombre divine » (v. 5) : l'attente figurée dans le texte est peut-être aussi celle de la Mort. Les effets de suspense se donnent alors à lire comme autant de tentatives pour différer l'inéluctable : on comprend dès lors pourquoi les pas « retenus » sont « doux » (v. 6) au poète qui en craint une approche trop soudaine. De fait, la musicalité lancinante du poème devient presque oppressante quand l'assonance en [a] au vers 13 laisse entendre le râle de l'agonie ou que l'allitération en [t] rappelle le tic-tac de l'horloge. Le battement entre « être » et « n'être pas » (v. 14) désigne alors le moment précis où la vie disparaît ; et cette ambivalence est tout entière contenue dans le terme « personne », qui évoque à la fois l'être et le non-être. De même, le nom « pas », qui ouvre et clôt le poème, suggère l'idée d'absence incluse dans son homonyme, le terme de négation. À la fin du poème, le passé composé « j'ai vécu » (v. 15) explicite alors le terme de l'attente. Le dernier vers du poème s'éclaire, les « pas » désignant métaphoriquement chaque battement du cœur qui nous rapproche toujours un peu plus de la mort.

n. À quels indices repérez-vous le passage à la conclusion ?

....

....

....

....

....

[Conclusion]

[Bilan] Ainsi, la richesse et la complexité du poème « Les Pas » reposent sur sa dimension polysémique. Loin de s'exclure, les différents niveaux de signification s'associent et se complètent, le poème glissant ainsi de l'évocation de l'attente amoureuse à celle, tragique, de la mort, en passant par la réflexion sur l'écriture poétique. *[Ouverture]* Car tous les désirs et toutes les angoisses de la condition humaine se confondent et sont la matière même de la poésie.

o. Quel type d'ouverture est proposé ici ?

- ☐ Vers un autre texte
- ☐ Vers une œuvre artistique
- ☐ Vers une réflexion générale

Activité 2

Rédiger un commentaire guidé

Voici un extrait de *Nana* d'Émile Zola. Lisez-le attentivement, puis réalisez les activités suivantes pour analyser le texte et élaborer un commentaire.

Émile Zola, *Nana* (1879)

Maintenant, la salle[1] resplendissait. De hautes flammes de gaz allumaient le grand lustre de cristal d'un ruissellement de feux jaunes et roses, qui se brisaient du cintre[2] au parterre en une pluie de clarté. Les velours grenat des sièges se moiraient[3] de laque, tandis que les ors luisaient et que les ornements vert tendre en adoucissaient l'éclat, sous les peintures trop crues du plafond. Haussée, la rampe[4], dans une nappe brusque de lumière, incendiait le rideau, dont la lourde draperie de pourpre avait une richesse de palais fabuleux, jurant avec la pauvreté du cadre, où des lézardes montraient le plâtre sous la dorure. Il faisait déjà chaud. À leurs pupitres, les musiciens accordaient leurs instruments, avec des trilles légers de flûte, des soupirs étouffés de cor, des voix chantantes de violon, qui s'envolaient au milieu du brouhaha grandissant des voix. Tous les spectateurs parlaient, se poussaient, se casaient, dans l'assaut donné aux places ; et la bousculade des couloirs était si rude, que chaque porte lâchait péniblement un flot de monde, intarissable. C'étaient des signes d'appel, des froissements d'étoffe, un défilé de jupes et de coiffures, coupées par le noir d'un habit ou d'une redingote.

1. salle du Théâtre des variétés, juste avant le début du spectacle. 2. partie du théâtre située au-dessus de la scène. 3. prenaient des reflets. 4. rangée de lumières sur le devant de la scène.

1 Lire le texte et dégager un projet de lecture

a. Justifiez chaque hypothèse de lecture en répondant aux questions. Complétez la 3e hypothèse.

1re hypothèse

Le passage étudié décrit l'agitation d'une salle avant le début du spectacle.

- Quels procédés propres à la description pouvez-vous repérer ?

....

....

....

....

- Trouvez trois procédés qui traduisent l'idée d'agitation.

....

....

....

- Quels termes composent le champ lexical du spectacle ?

....

....

....

2e hypothèse

Le luxe ostentatoire de la salle cache son délabrement.

- Quels procédés soulignent l'impression de richesse qui se dégage du lieu ?

....

....

....

- Quelles expressions donnent à la description une connotation péjorative ? Quelle impression se dégage ainsi de la salle de spectacle ?

....

....

....

....

3e hypothèse : ....

- Relevez les personnifications. Quel effet produisent-elles ?

....

....

....

....

Quelle figure de style identifiez-vous dans l'expression « un défilé de jupes et de coiffures » ? Quel effet est ainsi produit ? Proposez un autre exemple.

....

....

....

....

b. **À l'aide de ces repérages, formulez une problématique qui pourra guider l'étude du texte.**

Comment / En quoi ....

....

....

c. **Organisez les pistes ci-dessous dans un plan détaillé (2 axes, ou parties, étayés par 3 arguments, ou sous-parties, chacun).**

1. Un monde d'illusions. **2.** L'animation du décor. **3.** Une profusion de détails. **4.** Une description réaliste. **5.** Une description qui sollicite les sens. **6.** L'envers misérable du décor. **7.** Un univers exagérément luxueux. **8.** La progression du regard.

Axe I : ....

....

1. ....

....

2. ....

....

3. ....

....

Axe II : ....

....

1. ....

....

2. ....

....

3. ....

....

d. **Reprenez les arguments dégagés dans la question c et faites correspondre à chacun d'eux un des procédés suivants.**

1. Progression thématique à thème éclaté : ....

....

2. Hyperboles : ....

....

3. Lexique spécialisé du théâtre : ....

....

4. Personnifications : ....

....

5. Champ lexical de la lumière : ....

....

6. Antithèses : ....

....

e. **Quel argument pouvez-vous illustrer avec les citations suivantes ? Plusieurs réponses sont souvent possibles.**

1. « Maintenant, la salle resplendissait » : ....

....

2. « la pluie de clarté » : ....

....

3. « Les velours grenat des chaises se moiraient de laque » : ....

....

4. « un ruissellement de feux jaunes et roses, qui se brisaient du cintre au parterre » : ....

....

5. « une richesse de palais fabuleux, jurant avec la pauvreté du cadre » : ....

....

6. « des soupirs étouffés de cor » : ....

....

f. **Remplissez le tableau d'analyse pour la sous-partie consacrée à « un univers exagérément luxueux ».**

Citations et relevés	Procédés	Interprétations
....	....	....
....	....	....
....	....	....
....	....	....

2 Rédiger introduction et conclusion

a. En vous aidant des activités précédentes, poursuivez la rédaction de l'introduction.

À travers le cycle des *Rougon-Macquart*, Zola a tenté de saisir la société française de la dernière moitié du XIXe siècle. *L'Assommoir* scrute ainsi le milieu des ouvriers parisiens à travers les personnages de Gervaise et Coupeau, parents de la jeune Nana, elle-même héroïne éponyme d'un volume publié en 1879. Le premier chapitre de ce roman nous plonge

dans ....

....

....

b. Sur votre cahier, rédigez la conclusion du commentaire.

Remarque : pour l'ouverture, vous pourrez faire référence, au choix :

- au projet général des écrivains réalistes et naturalistes qui décrivent le réel sans l'idéaliser et révèlent ainsi la vérité qui se cache derrière les apparences ;
- à la valeur programmatique de cette description : l'illusion est symbolique du parcours de Nana, demi-mondaine dont la richesse matérielle ne parviendra pas à faire oublier les origines modestes et la pauvreté morale ;
- au personnage d'Odette dans *Un amour de Swann* de Proust qui, comme Nana, éblouit de façon illusoire et éphémère ceux qui tombent sous son charme.

3 Rédiger un paragraphe de commentaire

a. À partir du tableau d'analyse proposé ci-dessous, rédigez le paragraphe consacré à « Une description qui sollicite les sens ».

Citations et relevés	Procédés	Interprétations
« resplendissait », « allumaient », « luisaient », « se moiraient », « lustre », « flammes de gaz », etc.	champ lexical de la lumière	importance du regard descriptif qui rend compte de l'aspect visuel du lieu
« instruments », « voix chantantes », « brouhaha », « parlaient », etc.	champ lexical du bruit	volonté de donner à entendre l'atmosphère
« pluie de clarté »	métaphore	impression d'une lumière vacillante
« Il faisait déjà chaud »	brièveté syntaxique	référence au toucher intercalée, donc mise en valeur

De plus, la description est dominée par diverses notations sensorielles. On relève d'abord ....

....

b. Sur votre cahier, dressez et remplissez le tableau d'analyse pour la sous-partie « Une profusion de détails », puis rédigez le paragraphe correspondant.

52 Analyser un sujet de dissertation et construire un plan

Étape 1

Analyser le sujet

Le sujet de dissertation se présente sous la forme d'une question ou d'une consigne invitant à **la réflexion**. Il peut s'appuyer sur une citation d'auteur ou de critique littéraire. Il porte **sur une œuvre étudiée** et **sur le parcours qui lui est associé**.

Repérez ses mots-clés pour comprendre les enjeux de la question et ouvrir des pistes de réflexion.

Définir les mots-clés du sujet

- Définissez chaque terme : cherchez des synonymes, des notions proches.

Mobiliser ses connaissances

- Cherchez à quoi correspond le mot-clé dans l'œuvre étudiée.
- Mettez les mots-clés en relation avec le thème du parcours au programme.

Identifier les relations entre mots-clés

- Étudiez le lien entre les mots-clés : opposition ? équivalence ?
- Y a-t-il d'autres notions opposées aux mots-clés ?
- Quels contre-exemples, quelles limites peut-on trouver ?

Analyser la consigne

Si le sujet contient :
- une question fermée, des termes appelant à la discussion (*dans quelle mesure, discutez*), des points à nuancer (*uniquement, toujours*) : il faut discuter une thèse.
- une question ouverte (*quels, comment, pourquoi*) : il faut apporter différentes réponses.

Ex. : analyse de sujet

> SUJET D'après votre lecture de *Juste la fin du monde* de Jean-Luc Lagarce, quel intérêt dramatique la représentation d'une crise revêt-elle au théâtre ? Vous répondrez en vous appuyant sur l'œuvre théâtrale étudiée en classe, ainsi que sur le parcours de lecture associé.

– ***Mots-clés*** *: dramatique = lié à l'action, propre au théâtre ; crise = conflit, moment intense et brusque*
– ***Dans l'œuvre :*** *disputes, tensions, sentiments exacerbés entre Louis et sa famille*
– ***Dans le parcours*** *: « Crise familiale, crise personnelle » → penser aux différentes formes de crise*
– ***Relations logiques*** *: dramatique ≠ romanesque, cinématographique → spécificités du théâtre, spectacle vivant*
– ***Consigne*** *: quel intérêt → mentionner différentes sources d'intérêt*

Étape 2

Formuler la problématique

La problématique est une question, directe ou indirecte. Elle répond à deux objectifs :
- reformuler le sujet en reprenant ses mots-clés ;
- rendre explicites tous les enjeux du sujet.

Étape 3

Déterminer le type de plan

- Trouvez à partir de la problématique **deux ou trois pistes de réflexion** : ce seront vos grandes parties.
- Vous pouvez recourir à deux types de plan.

Plan dialectique (antithétique)

- Amené par une question fermée ou équivalent (ex. : dans quelle mesure).
- On discute une thèse en montrant :
  – son bien-fondé (partie I) ;
  – ses limites (partie II) ;
  – si possible, comment dépasser l'opposition (partie III).

Plan analytique (thématique)

- Amené par une question ouverte.
- On développe les différents aspects d'une thèse.
- Chaque partie est une réponse possible.

Étape 4

Construire le plan détaillé avec les arguments et les exemples

- Cherchez ensuite **deux ou trois arguments** (ou sous-parties) par grande partie.
- Trouvez **un ou deux exemples** pour illustrer chaque argument :
  – dans l'œuvre étudiée pendant l'année : remarque sur l'ensemble de l'œuvre (structure, thème, évolution d'un personnage, etc.), passage précis, situé (acte/chapitre…) et cité ;
  – dans le parcours en lien avec cette œuvre : texte précis, avec son auteur et son titre, cité ou résumé. On peut faire référence à un aspect précis d'un mouvement littéraire.
- Organisez vos arguments et vos exemples dans un **plan détaillé**.

Exercices

1 Analyser le sujet et formuler la problématique

Sujet 1 François Mauriac disait des héros de roman : « Ces personnages fictifs et irréels nous aident à nous mieux connaître et à prendre conscience de nous-mêmes » (*Le Romancier et ses personnages*, 1933). Dans quelle mesure ce jugement éclaire-t-il le roman que vous avez étudié en classe ? Vous pourrez vous appuyer, également, sur le parcours de lecture associé.

a. Soulignez les mots-clés dans le sujet. Quels adjectifs complètent le nom « personnages » ?

....

....

b. Qui est désigné par le pronom « nous » ?

....

....

c. Quels groupes d'individus le sujet oppose-t-il ?

....

....

d. On peut rapprocher les mots « conscience » et « connaître ». Quelle fonction du roman est implicitement suggérée par ces mots ?

....

....

e. Quelle problématique conviendrait pour ce sujet 1 ?

- ☐ Dans quelle mesure les héros de roman sont-ils fictifs et irréels ?
- ☐ Comment des personnages fictifs peuvent-ils aider le lecteur à mieux se connaître et se comprendre ?
- ☐ En lisant des romans, ne peut-on pas mieux connaître les personnages et les héros ?
- ☐ Le lecteur s'identifie toujours au personnage.

2 Choisir un type de plan

Sujet 2 Dans quelle mesure la pièce que vous avez lue est-elle un divertissement ? Vous répondrez en vous appuyant sur l'œuvre théâtrale étudiée en classe, ainsi que sur le parcours de lecture associé.

a. Quel type de plan choisiriez-vous pour le sujet 2 ?

☐ **Plan 1**
I. C'est un spectacle plaisant.
II. Mais elle peut aussi faire réfléchir le spectateur.
III. Sa force est d'instruire tout en divertissant.

☐ **Plan 2**
I. Elle divertit par son intrigue et ses personnages.
II. Elle divertit en suscitant rires et émotions.
III. Elle divertit en alliant plaisir du texte et jeux scéniques.

b. Quel nom porte le type de plan que vous avez choisi ?

....

3 Construire le plan détaillé avec les arguments et les exemples

a. Lisez le sujet 3 et répondez à la question ci-dessous.

Sujet 3 Les œuvres littéraires qui s'intéressent à la figure de l'étranger proposent souvent une réflexion sur notre monde et nos valeurs. Quel est l'intérêt de recourir à un regard étranger ? Vous répondrez en vous appuyant sur l'œuvre de littérature d'idées que vous avez étudiée en classe, ainsi que sur le parcours de lecture associé.

Dites si les propositions suivantes correspondent à des arguments ou des exemples pour traiter le sujet 3.

1. Dans les *Lettres persanes*, Montesquieu met en scène l'étonnement d'un Persan en visite à Paris.

☐ Argument ☐ Exemple

2. Un regard étranger sera plus critique et permettra de dénoncer les travers de notre société.

☐ Argument ☐ Exemple

3. Au XVIIIe siècle l'Orient est à la mode dans la littérature et les arts. Les romans et les contes montrent des étrangers, des voyageurs qui découvrent d'autres cultures.

☐ Argument ☐ Exemple

4. La rencontre avec l'autre apporte une leçon de relativisme en nous faisant découvrir d'autres mœurs.

☐ Argument ☐ Exemple

b. Lisez le sujet 4 et répondez à la question ci-dessous.

Sujet 4 De nombreux romans ont pour cadre une époque historique passée. Dans quelle mesure le romancier doit-il témoigner de la vérité historique ? Vous répondrez en vous appuyant sur l'œuvre romanesque étudiée en classe ainsi que sur le parcours de lecture associé.

Complétez la partie I du plan ci-dessous avec des exemples, en vous appuyant sur le roman étudié en classe ou sur le parcours de lecture associé.

Partie I. Le roman peut constituer un témoignage sur un personnage ou sur une époque historique.

1. Le roman a un ancrage spatio-temporel précis.

Ex. : ....

....

....

2. Le roman constitue un témoignage sur une époque.

Ex. : ....

....

3. Le romancier s'inspire de son expérience personnelle et de sa propre connaissance du monde.

Ex. : ....

....

c. Sur une feuille à part, trouvez le plan détaillé de la partie II.

Partie II. Mais le romancier est plus libre que l'historien : il ne cherche pas la vérité historique, mais une vérité sur les hommes.

53 Rédiger l'introduction et la conclusion d'une dissertation

Étape 1

Rédiger l'introduction

Rédigez au brouillon votre introduction en respectant quatre grandes étapes :

1. **l'amorce** : amenez le sujet en vous appuyant sur vos connaissances de l'œuvre étudiée (auteur, mouvement littéraire, thème, etc.). Évitez les lieux communs du type « De tout temps ».
2. **la présentation du sujet** : reprenez le sujet, donnez la citation s'il y en a une et expliquez rapidement ses enjeux.
3. **la problématique** : écrivez votre problématique sous forme de question directe ou indirecte. Attention à la ponctuation de votre question (pas de point d'interrogation aux questions indirectes).
4. **l'annonce du plan** : annoncez les parties de votre plan, en écrivant une phrase par partie. Évitez les annonces lourdes du type « dans une première partie... », préférez des connecteurs logiques.

Étape 2

Rédiger la conclusion

Rédigez également votre conclusion au brouillon en suivant ces deux étapes :

1. **la réponse à la problématique** : faites la synthèse de votre raisonnement en reprenant les plus importantes de vos idées. De cette manière, répondez à la problématique posée dans l'introduction.
2. **l'ouverture** : élargissez la réflexion, vers une autre époque, un autre sujet, genre ou art. Vous pouvez faire référence à une citation, un écrivain ou une œuvre si vous ne les avez pas cités ailleurs.

Exercices

1 Comprendre les étapes de l'introduction

SUJET 1 La romancière Marguerite Yourcenar déclarait à propos d'un de ses personnages, Hadrien : « si on fait parler le personnage en son propre nom, comme Hadrien, [...] on se met à la place de l'être évoqué ; on se trouve alors devant une réalité unique, celle de cet homme-là, à ce moment-là, dans ce lieu-là. Et c'est par ce détour qu'on atteint le mieux l'humain et l'universel. » Dans quelle mesure cette citation éclaire-t-elle votre lecture du roman que vous avez étudié en classe ? En se mettant à la place d'un personnage, le romancier peut-il atteindre l'universel ?

Remettez dans l'ordre les éléments de l'introduction : amorce, présentation du sujet, analyse des enjeux, problématique, annonce du plan.

1. Certes, le roman nous permet de découvrir un personnage, son univers et sa vie. Mais il nous fait plonger dans son intériorité et nous révèle ses interrogations face à l'existence. Ainsi le roman développe-t-il une réflexion universelle sur la vie humaine. **2.** Il y a là une contradiction : le roman semble décrire une « réalité unique », un être singulier (« cet homme-là »), pourtant il prétend parler de « l'humain et l'universel ». L'opposition n'est pourtant qu'apparente : par-delà l'aventure individuelle, singulière de son personnage, la romancière nous invite à réfléchir sur la destinée humaine. **3.** Marguerite Yourcenar était une helléniste et une érudite. Pour écrire son roman *Mémoires d'Hadrien*, elle s'est beaucoup documentée sur la vie de l'empereur. La romancière redonne vie à ce personnage réel en le faisant parler à la 1re personne. **4.** Lorsqu'il donne vie à un personnage singulier, le romancier n'interroge-t-il pas l'humain ? **5.** Dans un entretien, Marguerite Yourcenar déclarait : « si on fait parler le personnage en son propre nom, comme Hadrien, [...] on se met à la place de l'être évoqué ; on se trouve alors devant une réalité unique, celle de cet homme-là, à ce moment-là, dans ce lieu-là. Et c'est par ce détour qu'on atteint le mieux l'humain et l'universel. »

Ordre des éléments : ....

....

2 Rédiger la conclusion

SUJET 2 Baudelaire prétendait vouloir « extraire la beauté du Mal ». La recherche de la beauté est-elle la seule fonction de la poésie ?

Sur une feuille à part, rédigez la conclusion de la dissertation à partir de la problématique et du plan suivants.

Problématique

Rechercher la beauté n'est-il pas le but premier de la poésie ?

Plan

Partie I. Le poète perçoit la beauté dans le monde qui l'entoure, même lorsqu'il semble laid, prosaïque, dominé par le Mal.

Partie II. Mais la poésie est aussi un travail sur le langage : le poète recherche une langue poétique aux qualités esthétiques.

Partie III. En fait, la poésie recrée et transforme le monde : au moyen du langage, le poète enchante le réel et fait naître la beauté.

Rédiger un paragraphe de dissertation

54

Étape 1

Annoncer l'argument

Dans une dissertation, chaque paragraphe correspond à un argument, à une sous-partie. Un paragraphe comporte quatre étapes.

- Après un alinéa, **annoncez l'idée** si vous êtes au début de la partie (titre de la partie I, II ou III).
- **Annoncez l'argument** (titre de la sous-partie 1).

Conseil Utilisez le présent de vérité générale, évitez la 1re personne du singulier. Rédigez tout (ni titres, ni listes).

Étape 2

Développer l'argument

- **Reformulez l'argument** avec des synonymes, des expressions équivalentes (ex. : *personnage* → *héros*).
- **Développez l'argument**, soyez plus précis : utilisez des énumérations, des termes spécifiques (ex. : *sentiments* → *joie, peur, tristesse*), expliquez sur quel fait l'argument repose.

Étape 3

Citer et exploiter les exemples

- Mentionnez dans une phrase **le titre de l'œuvre et son auteur**.
- Citez le texte si vous le pouvez, sinon, **exposez l'exemple avec précision**.
- **Exploitez chaque exemple** : en commentant son style (lexique, figures de style...), son thème (ex. : *amour, lyrisme*...), en l'interprétant (intentions de l'auteur, effets sur le lecteur...).

Conseils Soulignez les titres d'œuvres. Ne citez pas les exemples entre parenthèses. Placez les citations entre guillemets.

Étape 4

Conclure le paragraphe

- Ajoutez enfin **une phrase de conclusion** qui reprend l'argument et le relie au sujet.
- Allez à la ligne avant de commencer un nouveau paragraphe.

Conseil Utilisez des connecteurs pour faire apparaître les liens logiques entre les arguments (*de plus, par ailleurs, ainsi, en effet, mais, cependant*...)

Exercices

1 Comprendre les étapes du paragraphe

Reconstituez le paragraphe ci-dessous en donnant l'ordre de ses étapes (annonce de l'argument, développement, exemple, exploitation de l'exemple, conclusion).

1. La pièce peut être considérée comme un apologue moral qui invite à une réflexion sur les rapports entre maîtres et valets. De cette façon, l'œuvre reflète bien les interrogations du siècle des Lumières. **2.** Par exemple, Marivaux imagine dans *L'Île des esclaves* une inversion amusante entre les rôles des maîtres et des esclaves. **3.** En effet, par la voix des personnages ou par l'intrigue, le théâtre peut faire naître une réflexion et mettre en question la société et ses valeurs. **4.** Ainsi, le spectacle de théâtre permet de débattre et d'interroger notre société. **5.** Le théâtre permet des débats sur des sujets de société.

- **Ordre des éléments :** ....

....

....

....

....

2 Citer et exploiter les exemples

Complétez le paragraphe en ajoutant et en exploitant un exemple pris dans vos lectures

Le lyrisme est indissociable de la création poétique. En effet, le poète perçoit le monde par le prisme de sa sensibilité. Sa poésie se nourrit avant tout des sentiments personnels qu'il expose dans ses vers.

....

....

....

....

....

....

....

....

Ainsi le poète exprime-t-il dans ses textes son monde intérieur, ses émotions. La poésie ne peut être que sensible, car la création poétique est intimement liée aux sentiments du poète.

Activité 3

Observer et compléter une dissertation rédigée

Lisez la dissertation proposée, répondez aux questions posées dans la colonne de gauche et complétez les pointillés.

Remarque : pour répondre aux questions de cet exercice, vous pourrez vous appuyer sur l'œuvre théâtrale que vous avez étudiée en classe ainsi que sur le parcours associé.

Sujet : Dans le prologue de *L'Amour médecin*, trois allégories de la musique, de la danse et du théâtre déclarent :
« Unissons-nous tous trois d'une ardeur sans seconde,
Pour donner du plaisir au plus grand roi du monde ».
Donner du plaisir, est-ce là la seule la fonction du théâtre ? Vous répondrez à cette question dans un développement organisé en vous appuyant sur *Le Malade imaginaire* de Molière, sur les textes que vous avez étudiés dans le cadre du parcours associé et sur votre culture personnelle.

[Introduction]

[Amorce] Pour plaire au roi Louis XIV, Molière s'associa à Lully, surintendant de la musique du roi, et inaugura le genre de la comédie-ballet en 1661, avec *Les Fâcheux*. Par la suite, à plusieurs reprises, Molière convoqua la musique, la danse et les dialogues afin de proposer un spectacle plaisant qui charme les sens et l'esprit, comme dans *Le Bourgeois gentilhomme* ou *Le Malade imaginaire*. [Présentation du sujet et de ses enjeux] Ainsi, dans le prologue de *L'Amour médecin*, trois allégories de la musique, de la danse et du théâtre déclarent : « Unissons-nous tous trois d'une ardeur sans seconde,/ Pour donner du plaisir au plus grand roi du monde. » Molière rappelle ici que le spectacle théâtral cherche à plaire et à divertir. C'est là une des fonctions du théâtre, mais ce n'est pas la seule. Une pièce peut aussi bouleverser les certitudes des spectateurs ou aborder des sujets graves. [Problématique] Le théâtre, par la réflexion qu'il initie et l'enseignement moral qu'il prétend donner, n'a-t-il pas aussi un rôle sérieux à jouer ? [Annonce du plan] .... le théâtre est avant tout un spectacle plaisant. .... il remplit aussi une fonction didactique. ...., le paradoxe du théâtre est qu'il est un jeu, un divertissement qui révèle une vérité sur le monde.

a. Complétez l'annonce du plan avec des connecteurs logiques.

[I. Le théâtre est un spectacle plaisant]

[1. Un divertissement]

Le théâtre est un spectacle plaisant. Il vise à « donner du plaisir » pour reprendre le mot de Molière. En effet, le théâtre est avant tout un divertissement. Il se présente comme un spectacle agréable apte à réjouir les spectateurs par la richesse de la mise en scène, la qualité du jeu des acteurs et le plaisir de l'intrigue. Dans le prologue du *Malade imaginaire*, le dramaturge dédie sa pièce au roi et souligne que le théâtre est avant tout un divertissement : « il est bien juste que tous ceux qui se mêlent d'écrire travaillent ou à ses louanges ou à son divertissement. » Mais « divertir », ce n'est pas seulement « amuser » : le mot vient du latin *divertere* qui signifie « détourner l'attention ». Le théâtre nous détourne de nos préoccupations quotidiennes. C'est pourquoi, dans la scène 2 de l'acte III du *Malade imaginaire*, Béralde, personnage plein de bon sens, conseille à son frère Argan d'oublier ses inquiétudes quant à sa santé en assistant à une bonne pièce de Molière : « pour vous divertir vous mener voir sur ce chapitre quelqu'une des comédies de Molière ». Ce clin d'œil en forme de mise en abyme rappelle que divertir est la fonction première du théâtre.

b. Surlignez la phrase qui présente la thèse I, puis surlignez la phrase qui présente l'argument I. 1.

[2. Une source d'émotions]

Par ailleurs, le théâtre doit faire naître des émotions. ....
....
....

c. Complétez ce paragraphe en développant l'argument I. 2 : détaillez les différentes émotions retrouvées au théâtre.

Par exemple, la dimension farcesque des pièces de Molière contribue au rire. Le dramaturge puise dans la farce, genre hérité du Moyen Âge, ses effets grossiers, ses plaisanteries, ses situations typiques (scène de dispute, coups de bâton). Dans la scène 5 de l'acte I du *Malade imaginaire*, le comique repose sur les disputes entre Toinette et Argan, qui insulte sa servante, veut la battre et la poursuit. De même, la scène dans laquelle Toinette se déguise en médecin (scène 8 de l'acte III) tient de la farce de façon évidente. Le rire entraîne la complicité et le plaisir du public qui s'amuse de la crédulité d'Argan. Ces situations qui rappellent l'univers de la farce ne peuvent que réjouir les spectateurs.

[Transition entre les parties I et II]

Ainsi, le théâtre a pour fonction de distraire, d'émouvoir et de susciter le plaisir du public. Pourtant, le théâtre ne peut se contenter de divertir : il est également porteur d'un enseignement.

[II. Le théâtre a aussi une visée didactique]

[1. Dénoncer les travers des hommes]

Le spectacle théâtral a également une visée didactique : il doit à la fois instruire, émouvoir et plaire, *docere, movere, placere*, pour reprendre les recommandations des Anciens. Même la comédie, aussi légère soit-elle, remplit un devoir d'éducation et peut faire réfléchir le spectateur. En effet, le théâtre dénonce les travers et les vices des contemporains. C'est là une fonction de la représentation : corriger les mœurs par le rire, *castigare ridendo mores*. *[Exemple : présentation]* On voit par exemple que, dans *Le Malade imaginaire,* Molière fait une satire féroce de la médecine. *[Développement]* Dans la pièce, les pratiques des médecins Diafoirus et Purgon sont figées et n'évoluent pas : la saignée et le lavement sont leurs seuls remèdes, quels que soient les symptômes. Pour Molière, on risque plus de mourir de la médecine que de la maladie elle-même, et les remèdes des médecins sont destinés aux hommes vigoureux, « robustes et qui ont des forces de reste pour porter les remèdes avec la maladie ». *[Exploitation]* L'auteur se moque de ces médecins et de leurs pratiques inefficaces. Il dénonce de la sorte les défauts des hommes : le patient Argan est crédule, les médecins sont soit des charlatans cupides, soit des prétentieux figés dans leur savoir. Ainsi le théâtre remplit-il une fonction d'enseignement en révélant les travers des hommes.

d. Observez comment l'exemple est utilisé :
– présentation d'un exemple : auteur, titre ;
– détails ;
– exploitation de l'exemple.

[2. Faire naître une réflexion sur les rapports humains]

Par ailleurs, le théâtre permet de faire naître une réflexion sur les rapports humains qui existent dans notre société. En mettant en scène des êtres fictifs qui souvent s'opposent, s'affrontent, entrent en conflit, le théâtre permet au spectateur de s'interroger sur son rapport aux autres. *[Exemple : présentation]* Par exemple, dans ...., l'auteur montre les relations difficiles entre .... *[Développement]* Dans la pièce, ... *[Exploitation]* L'auteur propose ainsi une réflexion sur .... De la sorte, le théâtre fait réfléchir sur les rapports humains et sur la façon dont l'égoïsme, la cupidité, le mensonge, la jalousie peuvent dominer dans les relations sociales.

e. Complétez le paragraphe en ajoutant un exemple tiré de la pièce de théâtre étudiée en classe.
– présentation d'un exemple : auteur, titre ;
– détails ;
– exploitation de l'exemple.

[3. Aborder des thèmes sérieux]

.................., bien que le théâtre soit un jeu, comme le rappelle le lexique qui lui est associé (« jouer la comédie », « le jeu d'un acteur »), il aborde des thèmes profonds et sérieux. Tous les genres théâtraux, y compris la comédie, peuvent traiter de sujets graves. Le rire porte aussi des angoisses. ....Figaro, le personnage de Beaumarchais, soulignait ce

f. Complétez le paragraphe II. 3 en ajoutant des connecteurs logiques.

paradoxe dans une antithèse : « Je me presse de rire de tout de peur d'être obligé d'en pleurer ». *Le Malade imaginaire* de Molière évoque, par ailleurs, la peur de la mort, sujet tragique par excellence. Cette crainte existentielle est abordée dans une scène comique dans laquelle Toinette pousse Argan à contrefaire le mort. La scène révèle la peur qui hante le personnage d'Argan : « N'y-a-t-il point quelque danger à contrefaire la mort ? » Même les pièces comiques permettent d'aborder des questions sérieuses et existentielles. Ainsi, les pièces de théâtre mettent en évidence les failles et la fragilité de la condition humaine.

[Transition entre les parties II et III]

En réalité, le théâtre cherche autant à plaire qu'à instruire. Même la comédie peut aborder des thèmes sérieux et développer une réflexion sur notre monde.

[III. Le théâtre est porteur d'une vérité sur le monde]

[1. La recherche de vraisemblance]

Le théâtre est porteur d'une vérité sur le monde. S'il nous divertit, le théâtre ne nous trompe pas sur l'existence. En effet, l'art dramatique est marqué par la recherche de la vraisemblance. Le dramaturge a le souci d'offrir une image véridique de la réalité, des êtres et de leurs rapports. Molière déclarait : « lorsque vous peignez les hommes, il faut peindre d'après nature ; on veut que ces portraits ressemblent ; et vous n'avez rien fait si vous n'y faites reconnaître les gens de votre siècle » (*La Critique de l'École des femmes*, 1663). Cette exigence de vraisemblance est un des préceptes des écrivains classiques au XVIIe siècle : pour eux, l'action ne doit pas heurter la morale ni paraître invraisemblable. Le théâtre doit au contraire proposer une *mimesis*, une imitation de la réalité. On voit donc qu'au théâtre, les situations peuvent parfois paraître imaginaires, mais les êtres sont peints avec vérité.

g. Quel type d'exemple est souligné ici ?

- ☐ Une citation.
- ☐ Une référence à un mouvement littéraire.
- ☐ Une allusion à une scène.

[2. Révéler une vérité sur les êtres]

Par ailleurs, le théâtre, art de l'illusion, a le pouvoir de révéler une vérité sur les êtres. Ce pouvoir peut sembler paradoxal. Mais les intrigues imaginaires, les conflits exacerbés, les situations excessives de la tragédie, les exagérations de la comédie, tout cela, qui relève de l'illusion, dit pourtant une vérité sur l'humanité. Par exemple, dans *Hamlet* de Shakespeare, le héros de la pièce soupçonne son oncle d'avoir tué le roi, son père. Une troupe de comédiens joue une pièce dans laquelle un roi est tué : Hamlet espère confondre son oncle en le faisant assister à cette représentation. Shakespeare suggère alors que le théâtre a le pouvoir de faire éclater la vérité. De même, dans *Le Malade imaginaire*, la comédie de la mort jouée par Argan, dans les scènes 11 et 12 de l'acte III, fait éclater la vérité sur les sentiments que lui porte sa famille. Alors qu'il joue le mort, son épouse Béline se dit « délivrée d'un grand fardeau » et déclare : « il y a de l'argent dont je veux me saisir ». L'indifférence de Béline et sa cupidité paraissent dans toute leur vérité. Ainsi le théâtre peut révéler une vérité sur le monde qui nous entoure.

h. À quoi correspond le passage souligné ?

- ☐ Le développement de l'argument.
- ☐ L'exploitation de l'exemple.

[Conclusion]

[Bilan] Le théâtre ne sert pas qu'à plaire et divertir les spectateurs ou les lecteurs. Il soulève des critiques quant aux comportements et aux mœurs des hommes. Mais plus encore, il s'avère nécessaire, indispensable, pour révéler une vérité sur le monde. Cette vérité n'est pas toujours plaisante pour le spectateur, mais elle témoigne du pouvoir du théâtre. *[Ouverture]*

....

....

....

....

....

....

....

i. Rédigez l'ouverture : évoquez par exemple un autre genre, un autre art qui allie les deux fonctions, plaire et instruire.

Tenir un carnet de lecture

55

Étape 1

Présenter et situer l'œuvre

- Faites des recherches et notez les informations générales sur l'œuvre, son auteur et son contexte.

Étape 2

Rendre compte de sa lecture

- Au fil de votre lecture, notez tout ce qui a retenu votre attention et vous permettra de faire un compte rendu personnel, précis et riche de l'œuvre.

Exercices

1 Présenter et situer l'œuvre

À partir de l'œuvre de votre choix.
Établissez les principaux repères de cette œuvre en les organisant selon les rubriques suivantes.

L'œuvre

- Titre : ....
- Année de parution : ....
- Mouvement : ....
- Grands événements contemporains qui illustrent le contexte (historique) de l'œuvre : ....

....

L'auteur

- Ce qu'il faut retenir de cet auteur : ....
- Aspects de sa vie, grands événements qui l'ont marqué : ....
- Ses idéaux, ses combats : ....

....

Le genre

- Quelles constantes du genre retrouve-t-on dans l'œuvre ? ....
- En quoi cette œuvre se démarque-t-elle ? ....
- Mouvement : ....

2 Rendre compte de sa lecture

Préparez votre argumentation en développant les points suivants dans votre carnet de lecture.

Plan/organisation de l'œuvre

Des passages/poèmes/chapitres/scènes que vous voulez retenir

- parce qu'ils sont significatifs
- parce que vous les avez particulièrement aimés

En fonction du genre, vos commentaires sur les personnages, la progression de l'action, les thèmes développés...

Citations avec vos commentaires justifiant votre choix

Ce que vous retiendrez avant tout de votre lecture

- Mots-clés
- Les principales qualités du livre / vos réserves
- Quels sont les éléments qui ont fait/ font le succès de l'œuvre
- Vos premières impressions en découvrant l'œuvre
- Leur évolution au fil de votre lecture

Des œuvres qui ont inspiré / été inspirées par cette œuvre

D'autres œuvres (peinture, musique...) que vous associez à ce texte et pourquoi

Le résumé de l'œuvre en quelques lignes

....

....

....

....

....

....

....

....

....

56 Analyser le texte à contracter

Étape 1

Comprendre le texte et faire les premiers repérages

- La contraction d'un texte argumentatif est un travail de lecture et d'écriture qui vise à réduire sa longueur en conservant son sens, selon les quatre principes suivants : conserver l'**énonciation** ; suivre **la composition et le mouvement des idées** ; reformuler **la thèse** ; réduire **le texte au quart**.
- **Faites une première lecture du texte** dans son ensemble pour repérer son sujet, lequel peut apparaître dès le titre.
- **Recherchez dans le paratexte** les éléments du contexte : la date du texte, l'auteur, des informations qui renseignent sur son expertise, le genre d'où est extrait ce texte argumentatif. Notez au brouillon les informations importantes.

Étape 2

Dégager le point de vue de l'auteur

- Pour reformuler fidèlement le texte de départ, il faut strictement adopter le point de vue de l'auteur sur le sujet qu'il traite.
- Vous devez donc **repérer et respecter l'énonciation et les choix de modalisation**.

L'énonciation : qui parle ?

- Le texte est-il écrit à la 1re ou à la 3e personne ?
- Y a-t-il un destinataire explicite ? Quel pronom le désigne ?
- D'autres personnes verbales sont-elles employées ?
- Des citations et propos prêtés à d'autres figurent-ils dans le texte ?

La modalisation : quel point de vue défendu par l'auteur ?

- Quels types de phrases marquent l'implication de l'auteur ? du destinataire ?
- Quels temps et modes sont privilégiés ?
- Y-a-t-il des verbes, ou locutions verbales qui marquent un jugement ?
- Quels adverbes ou locutions adverbiales expriment une appréciation, un point de vue ?

Étape 3

Repérer des indices lexicaux

- **Les choix lexicaux** délimitent le sujet traité et, comme la modalisation, contribuent également à dévoiler le point de vue de l'auteur. Soyez donc attentif aux formulations.
- **Surlignez le vocabulaire en réseau** selon des codes couleur.

Réseaux lexicaux et sémantiques

- Quels lexiques ou champs lexicaux soulignent les thèses ou idées développées ?
- Quelles connotations repérez-vous dans certains mots ? Comment expriment-elles l'opinion de l'auteur ?

Expressions imagées et figures de style

- Y a-t-il des expressions employées au sens figuré ?
- Y a-t-il des jeux de mots, des métaphores, d'autres figures de style ?

Exercices

Hubert Nyssen, *Lira bien qui lira le dernier* (2005)

Hubert Nyssen, éditeur et auteur d'essais sur le livre, adresse cet essai à l'une de ses lectrices, surnommée mademoiselle Esperluette[1]*. Dans ce chapitre, il s'interroge sur les causes d'une crise contemporaine du livre et de la lecture.*

« Oui mais quelle crise ? »

La crise… Voilà bien l'un de ces mots « perroquets » comme disait Valéry[2], l'un de ceux que l'on assène sans rien expliquer, ou encore mot-valise dans lequel on entasse n'importe quoi avant de prendre la fuite devant la complexité des choses. Dans le bric-à-brac de la crise, on fourre pêle-mêle l'incertitude, le mal et le malaise, la fièvre, l'enthousiasme, l'émotivité, la déraison, la jalousie, le mépris. Et, pour peu que l'on s'imagine au théâtre, l'un de ces moments délicats où, comme on dit, « la crise se noue ».

Vous l'aviez deviné, mademoiselle Esperluette, je la trouve assez fascinante, la crise ! C'est pourquoi quand on me dit le livre en crise, je demande ce que serait le livre sans crise. De la nuit de son histoire jusqu'à nos jours, n'est-il pas toujours en crise ? Dans ses substances comme dans ses formes, dans les sujets et les styles, dans ses initiatives et ses audaces, dans ses déboires et ses bannissements. Le livre n'a-t-il pas connu de grandes renaissances où l'on avait cru le perdre ? N'est-il pas un phénix renaissant de ses cendres après les autodafés[3] qui marquent son histoire, de la destruction de la bibliothèque de Thèbes par Akhenaton[4] en 1358 av. J.-C. à celle de la Byzantine de Constantinople par les croisés de 1204, de la disparition des livres aztèques au Mexique en 1529 à l'incendie de la bibliothèque du Congrès de Washington par les Anglais en 1814, des autodafés nazis dans les années trente à la destruction des bibliothèques irakiennes en 2003 ?

[…] Alors, dans la crise où l'on dit que le livre se trouve aujourd'hui, faut-il redouter sa disparition définitive ou attendre son regain ?
[…] je veux ici rappeler une évidence. À savoir que si le livre et la lecture depuis longtemps vont de conserve, ils ne sont pas dans le même bateau. On a lu avant le livre, et sans doute lira-t-on après lui. Le livre n'est jamais que le support actuel de la chose écrite, il n'est rien d'autre que l'outil utilisé dans un moment de l'histoire dont nous sommes encore les acteurs. Aussi, quand vous vous interrogez sur le destin du livre et de la lecture vous faut-il voir, mademoiselle Esperluette, qu'il y a deux interrogations sous l'apparence d'une seule. Une chose est de demander où va le livre, une autre où va la lecture.

1. nom du signe typographique &. 2. poète du XXe siècle.
3. livres brûlés en public. 4. pharaon égyptien.

1 Comprendre le texte et faire les premiers repérages

a. Selon le paratexte, qu'est-ce qui fonde l'expertise de l'auteur ?

....

....

....

b. À quel genre et à quelle période ce texte se rattache-t-il ?

....

....

....

c. Qu'indique le mot « oui » du titre de ce texte ? Quelle relation logique la conjonction de coordination « mais » apporte-t-elle ?

....

....

....

....

....

2 Dégager le point de vue de l'auteur

a. Complétez le repérage suivant pour observer comment s'exprime le point de vue de l'auteur.

L'énonciation

- Le texte est écrit à la .... personne.
- Le destinataire est ....
....
....
- Autres personnes verbales employées : « on », « nous » généralisent le propos.
- Citation : ....
....
....

La modalisation

- Type de phrases marquant l'implication de l'auteur/du destinataire :..
....
....
- Utilisation du mode conditionnel : « une disparition [...] serait programmée ».
- Locution verbale qui marque un jugement : ....
....

b. À quels indices précis repère-t-on que l'auteur a écrit son texte sous la forme d'une lettre ?

....

....

....

....

3 Repérer des indices lexicaux

a. Complétez les repérages ci-dessous pour étudier le lexique.

Réseaux lexicaux et sémantiques

- Lexique renvoyant à l'idée de crise :..............................
....
....
....
- Connotations marquant l'opinion de l'auteur : ....
....
....
....

Expressions imagées et figures de style

- Expressions au sens figuré : ....
....
....
....
- Lexique personnifiant le livre :..
....
- Repérez une longue énumération : ....
....

b. Pourquoi le mot « crise » semble-t-il mal approprié pour évoquer les problèmes que rencontre le livre ?

....

....

....

....

....

57 Rédiger la contraction de texte

Étape 1

Repérer les indices d'organisation et la progression des arguments

Pour réussir la contraction de texte, vous devez reformuler précisément la thèse et les idées d'un texte.

Pour cela, **repérez l'articulation et la progression des arguments**.

Disposition typographique

Repérez les paragraphes. Correspondent-ils ou non à une idée/un argument ?

Articulation du raisonnement

- **Connecteurs** : repérez les connecteurs. Quelles relations logiques expriment-ils ?
- **Progression du raisonnement** : quelles en sont les étapes ?

Étape 2

Schématiser la progression des arguments dans un plan

Faites le plan détaillé de l'argumentation. Notez **les grandes idées** en vous aidant de l'organisation générale du texte. → fiche 56, p. 116

Notez **les arguments et contre-arguments** qui viennent à l'appui de chaque idée.

Conseils

- Dans de nombreux textes, un paragraphe correspond à une idée ou un argument. Mais ce n'est pas toujours le cas. Observez-bien les connecteurs et les relations logiques (cause, conséquence, opposition, etc.).
- Repérez les paragraphes qui jouent le même rôle logique. Ils pourront être regroupés dans un même paragraphe afin que votre contraction fasse clairement apparaître la progression des idées.

Étape 3

Rédiger la contraction

Adoptez le **choix d'énonciation** de l'auteur : s'il écrit à la 1re personne, faites de même. Rédigez à la 3e personne s'il a préféré cette énonciation plus distanciée. En aucun cas vous ne devez porter de jugement critique sur les propos de l'auteur.

Rédigez un premier jet au brouillon, en **reformulant chaque argument** du plan. Faites clairement apparaître **les relations logiques entre les arguments** en utilisant des connecteurs. Respectez l'ordre de présentation des idées.

Conseils

- Ne traduisez pas le texte ligne à ligne ou paragraphe par paragraphe mais rédigez de mémoire ce que vous avez compris.
- Utilisez vos propres mots plutôt que ceux du texte à contracter. Cependant ne cherchez pas des synonymes pour les notions et mots-clés (ex. : *lecture, crise, autodafé*).

Comptez les mots et ajustez la contraction si nécessaire. Votre contraction doit faire le quart du texte initial, avec une tolérance de 10 % en plus ou en moins.

Utilisez les procédés de réduction suivants :

Suppression

- Éliminez les citations et les reprises d'une même idée.
- Éliminez les parenthèses, les définitions de termes techniques, quand elles ne sont pas au cœur du propos.

Intégration lexicale

- Remplacez des énumérations ou un champ lexical par un terme générique ou englobant.
- Remplacez une proposition par un nom ou un verbe à l'infinitif.

Réagencement syntaxique

- Exprimez en une seule phrase complexe un argument développé sur plusieurs phrases.

Conseils

- Relisez le texte et la contraction pour vous assurer que vous avez fidèlement transcrit le sens du texte sans oublier d'idées-clés.
- Comptez le nombre moyen de mots par ligne, puis le nombre de lignes de votre contraction. Il vous suffira de multiplier ces nombres pour connaître le total de mots du texte.
- N'oubliez surtout pas de noter le nombre de mots utilisés sur votre copie.

Exercices

1 Repérer les indices d'organisation et la progression des arguments

Complétez ces repérages à partir du texte d'Hubert Nyssen (p. 116-117).

Disposition typographique

- Nombre de paragraphes :..

- Correspondance entre paragraphes et arguments/ idées : les paragraphes marquent clairement les étapes du raisonnement.

Articulation du raisonnement

- Repérez les connecteurs et dites quelles relations logiques ils expriment :..

....

....

....

- Étapes de la progression du raisonnement :

1. Une idée reçue : le livre serait en crise.

2. Des faits historiques :..

....

3. La problématique :..

....

4. Un distinguo entre la lecture et le livre :..

....

....

2 Schématiser la progression des arguments dans un plan

Complétez ce plan du texte d'Hubert Nyssen (p. 117) pour préparer votre contraction.

1er paragraphe :..

....

1. Le mot « crise » cache la complexité (citation de Valéry pour illustrer le propos).

2. Derrière le mot « crise » figurent des émotions et sentiments opposés

3. ....

....

2e paragraphe : La crise est constitutive de l'histoire du livre.

1. Que serait l'histoire du livre sans crise ?

2. ....

....

3. ....

....

3e paragraphe : Dans ce contexte, la crise contemporaine du livre implique-t-elle sa disparition ou sa renaissance ?

4e paragraphe : Les relations entre le livre et la lecture.

1. ....

....

2. ....

....

3 Rédiger la contraction

Lisez cette proposition de contraction du début du texte.

« Oui mais quelle crise ? »

On parle de crise du livre pour éviter d'expliquer des faits complexes qui relèvent de sentiments et de points de vue divers, voire opposés, porteurs de conflits.

a. Parmi ces deux phrases, laquelle choisiriez-vous pour poursuivre la contraction ? Justifiez votre réponse.

1. Or, ce qui me fascine, Mlle Esperluette, c'est que cette idée de crise soit indissociable du livre, quels que soient ses thèmes, ses écritures ou ses effets.

2. Or ce qui fascine l'auteur, c'est que cette idée de crise soit indissociable du livre, quels que soient ses thèmes, ses écritures ou ses effets.

....

....

....

....

b. Achevez la contraction du 2e paragraphe en reformulant en une vingtaine de mots la liste des autodafés de livres qui ont jalonné l'Histoire.

....

....

....

....

....

....

....

c. Résumez en une trentaine de mots le 4e paragraphe.

....

....

....

....

....

....

58 Rédiger l'essai

Étape 1

Analyser le sujet

L'essai est une réflexion critique qui appartient au genre de l'argumentation. **Il apporte une réponse organisée à une question** suscitée par le texte et qui trouve des échos dans les œuvres de littérature d'idées étudiées en classe. Dans un essai, vous devez donc :

- développer **les différents aspects d'une question**, d'un sujet ;
- construire **une réflexion cohérente** ;
- vous appuyer sur **des exemples pertinents**.

Commencez par lire le sujet. Repérez et analysez les mots-clés au brouillon.

Ex. : analyse de sujet

- Mots-clés 1 : la forme restrictive de la négation sous-entend que d'autres formes de lecture existent mais que Montaigne ne les pratique pas toutes.
- Mots-clés 2 : la lecture lui offre « plaisir » et « amusement ».
- Mots-clés 3 : elle lui apporte aussi du savoir en général, et du savoir sur soi, pour conduire sa vie.

Sujet À propos des livres, Montaigne écrit dans ses *Essais* : « Je ne cherche aux livres qu'à m'y donner du plaisir par un honnête amusement : ou si j'étudie, je n'y cherche que la science qui traite de la connaissance de moi-même et qui m'instruise à bien mourir et à bien vivre. ».
En quoi les propos de Montaigne peuvent-ils témoigner des différents rôles que jouent les livres pour les lecteurs du XVIe au XVIIIe siècle ? Vous répondrez à cette question en vous appuyant sur les textes étudiés dans le cadre de l'objet d'étude « La littérature d'idées du XVIe au XVIIIe siècle ». Vous pourrez aussi faire appel à vos lectures et à votre culture personnelle.

Étape 2

Dégager la problématique

À partir de ces notes, dégagez une problématique, c'est-à-dire **la question à laquelle votre essai va répondre**.

Ex. : problématique pour le sujet ci-dessus

- Mots-clés 1
- Mots-clés 2
- Mots-clés 3

S'il apparaît incontestable que les lecteurs, à l'image de Montaigne, peuvent trouver dans les livres le divertissement et la connaissance de soi, on peut se demander si la lecture ne remplit pas aussi d'autres missions.

Étape 3

Rassembler des idées et des exemples

Au brouillon, notez vos idées, c'est-à-dire les réponses possibles à la problématique.

Cherchez des arguments qui peuvent défendre chacune d'elles.

Associez des exemples tirés de l'œuvre de littérature d'idées ou du parcours associé étudiés en classe, ou de vos lectures, etc.

Étape 4

Organiser ses idées dans un plan

Regroupez vos idées et vos exemples dans **un plan**. Il contiendra **deux ou trois grandes parties** : les idées principales, réponses à la problématique.

Ex. : propositions de plans pour le sujet ci-dessus

Proposition 1 :
Partie I. Le livre apporte le plaisir et le divertissement
Partie II. Il aide à mieux se connaître.
Partie III. Il aide à vivre et à mourir.

Proposition 2 :
Partie I. Justification du propos de Montaigne ; le livre aide à mieux se connaître, à vivre et à mourir.
Partie II. Néanmoins il est utile aussi pour développer le savoir sur le monde et éclairer le lecteur.

Chaque partie contiendra **deux ou trois sous-parties** : les arguments et exemples à l'appui des idées.

Étape 5

Rédiger l'essai

Votre texte comportera :

- **une introduction** qui présente la problématique et annonce du plan) ;
- **un développement en plusieurs paragraphes** (1 paragraphe = 1 sous-partie du plan) ;
- **une conclusion** présentant une synthèse de la réflexion.

Explicitez la progression de votre réflexion avec des connecteurs logiques.

Conseil Vous ne disposez que de quatre heures pour la contraction de texte et l'essai. Ne rédigez au brouillon que l'introduction et la conclusion.

Exercices

1 Analyser le sujet

Lisez ce sujet d'essai, puis indiquez à quoi renvoient les mots-clés 1 et 3.

SUJET Hubert Nyssen écrit à propos du livre : « n'est-il pas toujours en crise ? Dans ses substances comme dans ses formes, dans les sujets et les styles, dans ses initiatives et ses audaces ». En quoi les œuvres littéraires que vous connaissez répondent-elles à cette analyse ?
Vous répondrez en vous appuyant sur l'œuvre et les textes étudiés en classe dans le cadre de l'objet d'étude « La littérature d'idées du XVIe au XVIIIe siècle » et sur le texte de la contraction. Vous pourrez aussi faire appel à vos lectures et connaissances personnelles.

- Mot-clé 1 : ....
- Mots-clés 2 : éléments constitutifs de l'écriture que les auteurs font évoluer voire transforment radicalement.
- Mots-clés 3 : ....

2 Dégager la problématique

Dans la problématique suivante, surlignez, encadrez ou soulignez les mots-clés du sujet repris ou reformulés, selon le code couleur de l'exercice 1.

Peut-on affirmer, comme Hubert Nyssen, que les œuvres du XVIe au XVIIIe siècle bouleversent avec audace les formes et thèmes littéraires ?

3 Rassembler des idées et des exemples

En fonction des œuvres étudiées en classe et de vos lectures, complétez au moins une des phrases ci-dessous afin de développer des idées pour votre devoir.

1. La Fontaine écrit des fables inspirées par Ésope et Phèdre. Toutefois dans la fable « Les Obsèques de la lionne », ...

2. Provocateur, Montaigne affirme avoir écrit les *Essais* pour y consigner l'expérience de son « entendement », sans souci des lecteurs ....

3. Voltaire utilise l'ironie ....

4. Certes les personnages parodiques que sont Gargantua ou Pantagruel de Rabelais ont vocation à provoquer le rire ; mais ils n'en offrent pas moins des modèles ....

4 Organiser ses idées dans un plan

Rassemblez vos idées dans le plan suivant.

Partie I. Du XVIe au XVIIIe siècle, nombre d'œuvres sont situées dans une tradition littéraire.

1. Les genres littéraires hérités de l'Antiquité inspirent toujours les écrivains. Par exemple, ...

2. À la Renaissance, les œuvres antiques restent des modèles absolus. ....

Partie II. Mais sont apparus de nouveaux genres, formes...

1. Montaigne invente le genre de l'essai et Rousseau, avec ses *Confessions*, celui de l'autobiographie.

2. ....

Partie III. La littérature s'est emparée de questions nouvelles, scientifiques, philosophiques et politiques.

1. L'*Encyclopédie* témoigne de la volonté de partager tout le savoir disponible à l'époque des Lumières.

2. ....

5 Rédiger l'introduction

a. Dites quelle phrase d'accroche est, selon vous, la mieux adaptée à votre sujet. Justifiez votre réponse.

1. De tout temps les livres ont apporté aux hommes du plaisir et du savoir. Mais tout le monde n'aime pas lire.

2. Alors que la lecture était réservée jusque-là à un public restreint d'aristocrates et de clercs, la Renaissance avec l'invention de l'imprimerie permet une progression très importante du nombre de livres et donc de lecteurs.

3. La Renaissance et les deux siècles qui l'ont suivie constituent une longue période portant des évolutions mais aussi des ruptures fortes dans les arts et tout particulièrement dans la littérature.

....

b. Sur une feuille à part, rédigez la suite de votre introduction, c'est-à-dire la problématique et l'annonce du plan.

Activité 4 Rédiger une contraction de texte et un essai guidés

Stephan Bollman, préface de *Les femmes qui lisent sont de plus en plus dangereuses* (2011)

Laure Adler et Stephan Bollmann présentent, en les commentant, un grand nombre d'œuvres d'art représentant des femmes plongées dans la lecture. Dans son préambule, Stephan Bollmann, philosophe et historien, analyse les pratiques de lectures féminines et le rôle qu'elles ont joué dans l'histoire de l'émancipation des femmes.

La lecture de romans, méprisée par les hommes qui n'y voient qu'une perte de temps, commence à porter ses fruits pour les femmes. Des siècles durant, leur addiction à la lecture a été dénigrée[1] parce qu'elle était considérée comme une activité désordonnée, manquant totalement de discernement[2] et les incitant à négliger d'abord leurs tâches domestiques puis leurs devoirs publics : en d'autres termes, c'était un passe-temps immoral, impudique et dépravé. Les femmes [...] ne lisaient que pour leur plaisir ; or une lecture n'ayant d'autre objectif que le plaisir conduisait nécessairement à une appréhension[3] insuffisante du réel, avec comme conséquence bien connue la dépravation des mœurs. [Pourtant] aujourd'hui encore, il s'agit de poser les questions fondamentales de la vie et d'y répondre. Qui suis-je ? quel est mon destin ? Dans quelle mesure suis-je conditionné par mes origines ? Quelles sont mes libertés ? Quels rôles et quels devoirs sont les miens ? L'une des avancées majeures des Lumières a été de montrer que ces questions n'appelaient pas de réponse globale, et encore moins définitive, mais uniquement des réponses individuelles fondées sur les expériences de chacun. Devenu une forme artistique aussi importante que géniale qui apporte des réponses à nos questions en racontant des histoires réalistes, le roman offre une vue d'ensemble de la vie. [...]

L'histoire de l'émancipation féminine, selon la version conventionnelle[4], s'est déroulée de la manière suivante : au début les femmes étaient liées au cercle fermé de leur foyer, où régnaient la soumission, la passivité et les relations passionnelles, et au sein duquel elles étaient entrainées à l'exercice de la patience. Tout au plus se risquaient-elles à jeter discrètement un coup d'œil sur le monde réel, en se dissimulant derrière leurs broderies ou leurs livres. C'est dehors que devait se trouver la vraie vie, mais cette sphère « extradomestique » était alors réservée aux hommes. Peu à peu, cependant les femmes quittèrent leur place traditionnelle près de la fenêtre pour s'aventurer à l'extérieur de leur maison. Face à cette évolution, les hommes réagirent d'abord de façon autoritaire, puis défiante. Aujourd'hui ils sont devenus pour la plupart des alliés de ces femmes qui s'efforcent de se libérer de leurs anciennes chaînes.

La belle histoire qui nous est ainsi contée présente toutefois l'inconvénient de ne pas fonctionner aussi bien qu'elle prétend et de ne pas atteindre l'heureuse issue qu'elle pose comme préalable. Car le monde extérieur, « la vie hostile », pour reprendre les mots de Friedrich Schiller[5], a ses propres contraintes, et celles-ci ne meurtrissent pas moins l'âme que l'exiguïté étouffante du foyer.

Mais ce constat n'est en rien une incitation adressée aux femmes à retourner dans leur monde clos et à rétablir les anciennes astreintes[6]. Il pourrait en effet être utile pour leur qualité de vie qu'elles n'abandonnent pas de leur propre chef cette lecture qui constitue une possibilité de repli, laquelle à bien des égards, les a encouragées à fuir l'étroitesse de leur maison.

C'est aussi cette idée que Virginia Woolf[7] avait à l'esprit lorsqu'elle conseillait aux femmes de prendre leur indépendance et de se ménager un espace personnel, un refuge qui leur permette notamment de lire – et dans certains cas d'écrire – en toute quiétude, à l'abri du regard des autres, notamment de leur famille, et des exigences qui sont les leurs.

Lire, selon Georg Wilhelm Friedrich Hegel[8], est une façon « d'être en soi-même, de se sentir à l'aise en soi-même ». Il s'agit là de la véritable liberté, « car si je suis dépendant, je me réfère à quelque chose que je ne suis pas. [...] je suis libre quand je suis moi-même. »

Les spécialistes du comportement et les psychologues nous apprennent à quel point le sentiment de sécurité et de sérénité est essentiel pour notre évolution personnelle et notre productivité. La femme de lettres Lynne Sharon Schwartz[9] a relaté combien la lecture lui procurait un sentiment de tranquillité depuis sa plus tendre enfance : « Tant de choses dans la vie d'un enfant, se concentrent sur les besoins des autres [...]. En lisant autant de livres que j'en ai lus, étant enfant, enfermée dans ma chambre, assise sur mon lit, alors que la nuit tombait lentement, j'accomplissais un acte de reconquête. C'était vraiment la seule chose que je faisais pour moi-même. Dans ces moments la vie n'appartenait qu'à moi. »

[...] La lecture va au-delà de la simple acquisition d'un savoir ; elle est un acte délibéré visant à se soustraire au contrôle des autres, à abattre des barrières considérées jusque-là comme infranchissables, et à laisser son âme et son esprit vagabonder librement. Lire en général et lire des romans en particulier peut donc passer pour un acte subversif[10] : c'est faire un pas vers « le côté sauvage de la vie » – « *a walk on the wild side*[11] », chante si justement Lou Reed – ; c'est se plonger dans la jungle des sentiments et découvrir la *terra incognita*[12] des tréfonds de son âme. Celui qui lit n'éprouve aucune difficulté à rompre avec les conventions. Henry James[13] a parlé « du luxe que constitue l'indépendance vis-à-vis des règles et des contraintes » – un luxe dans lequel évoluent le romancier et son lecteur. Lorsqu'on lit beaucoup et intensément, cette indépendance devient une seconde nature, une nécessité intérieure qui éclaire la vie. Et c'est précisément par cette indépendance que les femmes qui lisent sont dangereuses, notamment aux yeux de tous ceux – les hommes le plus souvent – attachés aux rêves un peu fous d'un monde toujours prévisible, mais aussi d'instances supérieures[14], si désireuses de nous dicter notre façon de vivre. La lecture rend les femmes intelligentes en leur donnant des clefs pour comprendre l'existence. Elle leur fait réaliser que la vie est imparfaitement imprévisible et que loin d'être un inconvénient, cette imprévisibilité est une chance voire un bonheur.

1. critiquée. 2. sens critique. 3. perception (anglicisme). 4. conforme aux conventions sociales (ici au sens péjoratif). 5. Friedrich Schiller (1759-1805), grande figure de la poésie allemande. 6. obligations domestiques imposées aux femmes. 7. Virginia Woolf (1882-1941), grande figure de la littérature anglaise, auteure de romans et d'essais sur les femmes et leur condition. 8. G.W.F. Hegel (1770-1831), grand philosophe allemand. 9. Lynne Sharon Schwartz (1939-), auteure américaine de romans, de poésie et d'essais sur les femmes. 10. action qui ne respecte pas les règles ni les lois. 11. une balade (un tour) du côté sauvage. 12. « terre inconnue » en latin. 13. Henry James (1843-1916), écrivain américain, auteur de grands romans réalistes. 14. organismes ayant une autorité, un pouvoir de décision.

SUJET « La lecture va au-delà de la simple acquisition d'un savoir ; elle est un acte délibéré visant à se soustraire au contrôle des autres, à abattre des barrières considérées jusque-là comme infranchissables », écrit Stephan Bollmann. En quoi les livres et les textes que vous avez étudiés ont-ils contribué en leur temps et contribuent-ils aujourd'hui, à libérer leurs lecteurs ? Vous répondrez à cette question dans un essai prenant appui sur les textes et les œuvres que vous avez étudiés, ainsi que sur vos lectures et vos connaissances personnelles.

Lisez attentivement le texte et le libellé de l'essai p. 122-123, puis réalisez les activités suivantes qui vous permettront d'élaborer une contraction de texte et un essai.

1 Comprendre le texte et faire les premiers repérages

a. Quel est le sujet de ce texte ?

....

....

....

b. Sur quoi l'expertise de son auteur porte-t-elle ? À quels indices repère-t-on qu'il situe son analyse dans le cadre de sa discipline ?

....

....

....

....

....

2 Dégager le point de vue de l'auteur

a. Quelle est l'énonciation adoptée par l'auteur ? Le destinataire est-il mentionné dans le texte ?

....

....

....

b. Expliquez qui pose les questions du 1er paragraphe : « Qui suis-je [...] quels devoirs sont les miens ? » (l. 16-19). Justifiez votre réponse.

....

....

....

....

....

c. Remplissez le tableau suivant : quel(s) propos les auteurs cités tiennent-ils ?

	Identité de l'auteur	Propos de l'auteur
Friedrich Schiller	Poète allemand du XVIIIe siècle	Il décrit l'existence à l'extérieur du foyer comme une « vie hostile »
Virginia Woolf	....	....
G.W.F. Hegel	Philosophe	La lecture libère, en rendant indépendant et autonome
Lynne Sharon Schwartz	....	....
Henry James	....	....

d. Quel(s) rôle(s) ces références jouent-elles dans l'argumentation de l'auteur ?

....

....

....

e. Quel point de vue de l'auteur peut-on lire entre la première phrase du 2e paragraphe et celle du 3e paragraphe ?

....

....

....

....

....

3 Repérer les indices lexicaux

a. Dans le 2e paragraphe du texte p. 122, surlignez le lexique qui caractérise l'attitude des femmes cantonnées dans leur foyer. Quelle image ce lexique donne-t-il de la condition féminine ?

....

....

....

b. Analysez les caractéristiques du lexique des deux derniers paragraphes.

Réseaux lexicaux et sémantiques

- Champ lexical dominant : ....

....

- Termes qui le composent : ....

....

....

- Connotations attachées à ce vocabulaire : ....

....

....

Expressions imagées et figures de style

- Exemples de figures de style présentes dans le texte : ...

....

....

....

- Image de la lecture qu'elles offrent : ....

....

....

....

4 Repérer les indices d'organisation, schématiser la progression des arguments

Complétez le tableau suivant.

	Idée générale du paragraphe	Connecteurs chronologiques et logiques	Son rôle dans l'organisation de l'argumentation
§ 1	La lecture des romans offre aux femmes des moyens pour s'émanciper	....	Idée générale du texte
§ 2	....	au début, peu à peu, cependant, d'abord, puis, aujourd'hui	Rappel du schéma historique de l'émancipation féminine tel qu'il est communément admis
§ 3	....	....	Réfutation par l'auteur de ce schéma historique. Citation de Schiller pour étayer cette idée
§ 4	Les femmes ne doivent pour autant ni renoncer à se libérer ni abandonner la lecture et les replis qu'elle offre	....	Avertissement : réfuter le schéma historique ne signifie pas qu'il faille retourner à la situation antérieure
§ 5	....	aussi, notamment	....
§ 6	....	....	Syllogisme du philosophe Hegel pour démontrer le caractère libérateur de la lecture
§ 7	La lecture apporte la sécurité essentielle à la construction de soi	alors que, dans ces moments	....
§ 8	....	....	Ouverture du texte vers d'autres effets de la lecture

5 Rédiger la contraction

a. Pour comprendre et résumer le 1er paragraphe, complétez les trois étapes de sa composition.

1. Idée générale : la lecture de romans constitue un atout pour les femmes, contrairement à ce qu'ont pu penser les hommes.

2. Explicitation du point de vue des hommes : ....

....

....

3. ....

....

....

b. Rédigez la contraction de ce 1er paragraphe en une trentaine de mots.

....

....

....

c. Résumez le paragraphe 7 en supprimant la citation de Lynne Sharon Schwartz.

....

....

....

d. Résumez en une seule phrase les premières lignes du paragraphe 8 (jusqu'à « de son âme », l. 87).

....

....

....

6 Analyser le sujet d'essai, dégager la problématique

a. Complétez l'analyse de ce sujet : repérez les autres mots-clés selon le code couleur ci-dessous et redéfinissez-les.

> **Sujet** « La lecture va au-delà de la simple acquisition d'un savoir ; elle est un acte délibéré visant à se soustraire au contrôle des autres, à abattre des barrières considérées jusque-là comme infranchissables », écrit Stephan Bollmann. En quoi les livres et les textes que vous avez étudiés ont-ils contribué en leur temps, contribuent-ils aujourd'hui, à libérer leurs lecteurs ?
> Vous répondrez à cette question dans un essai prenant appui sur les textes et les œuvres que vous avez étudiés, ainsi que sur vos lectures et vos connaissances personnelles.

- Mots-clés 1 : définition de la lecture, dépassant sa fonction informative.
- Mots-clés 2 : ....

....

....

- Mots-clés 3 : ....

....

b. À partir de vos notes, dégagez une problématique, c'est-à-dire la question à laquelle votre essai va répondre, en indiquant selon le même code couleur la reformulation des mots-clés.

....

....

....

....

7 Rassembler des idées et des exemples

a. Reprenez des idées du texte. Quels exemples pouvez-vous développer pour étayer les idées suivantes ?

1. Les livres rendent plus intelligents.

Exemple : ....

....

....

....

....

....

....

2. Les femmes, privées de l'éducation autrefois, pouvaient se cultiver seules et apprendre grâce aux livres.

Exemple : ....

....

....

....

....

....

....

3. La lecture offre des occasions de se construire un univers à soi et de construire sa réflexion et sa sensibilité.

Exemple : ....

....

....

....

....

....

4. Les récits de fiction permettent de mieux comprendre les autres, de mieux se comprendre.

Exemple : ....

....

....

....

....

....

....

b. Rassemblez des idées propres aux œuvres de l'objet d'étude, la littérature d'idées, que vous avez étudiées. Pour cela, lisez ce texte et répondez aux questions ci-dessous.

Voltaire, *De l'horrible danger de la lecture* (1765)

Voltaire feint de dénoncer les effets de la lecture dans ce texte, qu'il attribue à un certain « mouphti[1] du Saint-Empire ottoman » opposé à la diffusion des livres dans son pays.

Il est à craindre que, parmi les livres apportés d'Occident, il ne s'en trouve quelques-uns sur l'agriculture et sur les moyens de perfectionner les arts mécaniques, lesquels ouvrages pourraient à la longue, ce qu'à Dieu ne plaise, réveiller le génie de nos cultivateurs et de nos manufacturiers, exciter leur industrie, augmenter leurs richesses, et leur inspirer un jour quelque élévation d'âme, quelque amour du bien public, sentiments absolument opposés à la saine doctrine[2].

1. s'écrit aussi muphti ; dans l'empire ottoman, juriste chargé des questions juridiques et religieuses. 2. religion.

➤ Quelle œuvre du XVIIIe siècle pourrait illustrer le propos du muphti ?

....

....

....

....

➤ Quelle est la tonalité employée par Voltaire ? Justifiez votre réponse.

....

....

....

....

➤ Quelle(s) idée(s) pourriez-vous développer dans votre essai en prenant appui sur ce texte ?

....

....

....

....

....

....

c. Rédigez un court paragraphe pouvant être intégré à votre essai, dans lequel vous développerez les idées trouvées dans la question **b.**

....

....

....

....

....

....

....

....

....

....

....

....

....

8 Organiser ses idées dans un plan

Dégagez un plan en deux parties pour développer la problématique de votre essai, formulée dans l'exercice 6.

Partie I. ....

....

1. ....

....

....

....

2. ....

....

....

....

Partie II. ....

....

1. ....

....

....

....

....

2. ....

....

....

....

....

9 Rédiger l'essai

Poursuivez votre introduction à l'essai (problématique et annonce du plan). Appuyez-vous sur vos réponses aux exercices 6 et 8.

Aujourd'hui, c'est un discours très partagé que de dire qu'il est important de lire des livres pour se cultiver et se divertir. Mais cela n'a pas toujours été le cas, et certains ont pu croire que la lecture n'avait pas que des effets bénéfiques, notamment pour la gent féminine.

....

....

....

....

....

....

....

....

Préparer l'épreuve orale du baccalauréat

59

Étape 1 — Présenter le texte et le lire à voix haute

La première partie de l'épreuve porte sur un texte étudié dans l'année. Il s'agit d'un extrait d'une des œuvres au programme de 1re, ou d'un texte issu du parcours associé à une œuvre :
- en **10 minutes**, vous allez présenter le texte, le lire à voix haute et en faire une explication linéaire ;
- puis en **2 minutes**, vous répondrez à une question de grammaire.

Dans un premier temps, présentez le texte : contexte culturel et littéraire, auteur, œuvre, situation de l'extrait dans l'œuvre.

Lisez ensuite le texte à voix haute.
Cette lecture est un moment important de la première partie : une bonne lecture est le signe que la visée du texte est clairement perçue. Elle est **notée sur 2 points**.

Lire à voix haute un texte littéraire

- Lisez sans précipitation et en articulant.
- Respectez les signes de ponctuation et les liaisons.
- Mettez en évidence la tonalité du texte.
- Tenez compte du mètre et de la versification dans un poème.
- Faites entendre de façon marquée les différentes voix du texte (personnages au théâtre, dans un récit).
- Soulignez le mouvement du texte par la lecture.

Étape 2 — Faire une explication linéaire

Faites une explication en suivant l'ordre du texte et en veillant :
- à prendre appui avec précision sur les procédés d'écriture ;
- à citer le texte pour l'expliquer ;
- à relier les choix d'écriture au sens du texte ;
- à mettre en évidence la progression du passage.

Cette explication est **notée sur 8 points**. Présentation, lecture et explication doivent **durer 10 minutes**.

Étape 3 — Répondre à la question de grammaire

Une question de grammaire vous sera donnée avec le texte. Vous y répondrez en veillant :
- à apporter une réponse précise à la question ;
- à utiliser le vocabulaire spécifique de l'analyse grammaticale ;
- à relier la question de grammaire au sens du texte.

Cette réponse est **notée sur 2 points**. Elle doit **durer 2 minutes**.

Étape 4 — Présenter une œuvre à l'entretien

La seconde partie de l'épreuve consiste en un entretien sur une des œuvres lues dans l'année :
- vous présenterez brièvement l'œuvre de votre choix, en expliquant pourquoi vous l'avez choisie ;
- vous répondrez ensuite aux questions de l'examinateur sur votre lecture.

Cette partie de l'épreuve est **notée sur 8 points**. Elle doit **durer 8 minutes**.
Pour vous y préparer, tenez tout au long de l'année un **carnet de lecture**. → fiche 55, p. 115

Exercices

1 Lire un poème

Arthur Rimbaud, « Ma Bohème », *Poésies* (1895)

Je m'en allais, les poings dans mes poches crevées ;
Mon paletot[1] aussi devenait idéal ;
J'allais sous le ciel, Muse ! et j'étais ton féal[2] ;
Oh ! là ! là ! que d'amours splendides j'ai rêvées !

Mon unique culotte avait un large trou.
– Petit-Poucet rêveur, j'égrenais dans ma course
Des rimes. Mon auberge était à la Grande-Ourse.
– Mes étoiles au ciel avaient un doux frou-frou

Et je les écoutais, assis au bord des routes,
Ces bons soirs de septembre où je sentais des gouttes
De rosée à mon front, comme un vin de vigueur ;

Où, rimant au milieu des ombres fantastiques,
Comme des lyres, je tirais les élastiques
De mes souliers blessés, un pied près de mon cœur !

1. gilet. 2. serviteur loyal.

a. Observez les -e surlignés : comment doivent-ils être lus ?

....

....

b. Quels procédés de versification sont soulignés ? Que faut-il faire lors de la lecture ?

c. En tenant compte des réponses aux questions précédentes, entraînez-vous à lire le texte à voix haute.

2 Marquer la différence entre des personnages

Jean Genet, *Les Bonnes* (1947)

Deux sœurs, domestiques chez Madame, se déguisent en l'absence de celle-ci. Claire joue le rôle de Madame et Solange le rôle de Claire.

SOLANGE, *à genoux et très humble.* – Je désire que Madame soit belle.

CLAIRE, *elle s'arrange dans la glace.* – Vous me détestez, n'est-ce pas ? Vous m'écrasez sous vos prévenances, sous votre humilité, sous les glaïeuls et le réséda. (*Elle se lève et d'un ton plus bas.*) On s'encombre inutilement. Il y a trop de fleurs. C'est mortel. (*Elle se mire encore.*) Je serai belle. Plus que vous ne le serez jamais. Car ce n'est pas avec ce corps et cette face que vous séduirez Mario. Ce jeune laitier ridicule vous méprise, et s'il vous a fait un gosse…

SOLANGE. – Oh ! mais, jamais je n'ai…

CLAIRE. – Taisez-vous, idiote ! Ma robe !

SOLANGE, *elle cherche dans l'armoire, écartant quelques robes.* – La robe rouge. Madame mettra la robe rouge

CLAIRE. – J'ai dit la blanche, à paillettes.

a. Caractérisez l'attitude de Claire à l'égard de Solange. Comment Solange se comporte-t-elle de son côté ?

b. Lisez le texte à voix haute en tenant compte de votre réponse.

3 Rendre compte du mouvement du texte

Jules Verne, *Vingt mille lieues sous les mers* (1870)

Le narrateur, Aronnax, se trouvait à bord d'un bateau avec son valet, Conseil, quand celui-ci a été percuté. Ils dérivent dans l'océan, tentant de nager.

En ce moment, la lune apparut à travers les franges d'un gros nuage que le vent entraînait dans l'est. La surface de la mer étincela sous ses rayons. Cette bienfaisante lumière ranima nos forces. Ma tête se redressa. Mes regards se portèrent à tous les points de l'horizon. J'aperçus la frégate[1]. Elle était à cinq mille de nous, et ne formait plus qu'une masse sombre, à peine appréciable ! Mais d'embarcations, point !

Je voulus crier. À quoi bon, à pareille distance ! Mes lèvres gonflées ne laissèrent passer aucun son. Conseil put articuler quelques mots, et je l'entendis répéter à plusieurs reprises :

« À nous ! à nous ! »

Nos mouvements un instant suspendus, nous écoutâmes. Et, fût-ce un de ces bourdonnements dont le sang oppressé emplit l'oreille, mais il me sembla qu'un cri répondait au cri de Conseil.

« As-tu entendu ? murmurai-je.

— Oui ! oui ! »

Et Conseil jeta dans l'espace un nouvel appel désespéré. Cette fois, pas d'erreur possible ! Une voix humaine répondait à la nôtre !

1. bateau.

a. Dégagez le mouvement du texte en vous appuyant sur des indices précis.

b. Surlignez les passages donnant des informations sur le ton et la voix des personnages. Quel changement observez-vous ?

c. En tenant compte des réponses aux questions précédentes, entraînez-vous à lire le texte à voix haute.

Mentions de copyright et crédits iconographiques :
Couverture : Pascal Victor/ArtComPress via Leemage - **chronologie** (rabat avant, de g. à d. et de h. en b.) : Akg Images ; Heritage Images/Fine Art Images/Akg-images ; Photo12/Alamy ; Sotheby's/Akg Images ; Hervé Lewandowski/RMN-GP - **liseré floral** (p. 4-17) : Accademia Italiana, London/Bridgeman Images - **intérieur : p. 2 :** Collection Grob/Kharbine-Tapabor- **p. 4 :** Photo12/Alamy/Art Collection 2- **p. 8 :** Nimatallah/Akg Images ; Bridgeman Images - **p. 10 :** CC0 Paris Musées/Maisons de Victor Hugo Paris-Guernesey- **p. 12 :** RMN-Grand Palais/Daniel Arnaudet- **p. 14 :** Bianchetti/Leemage/Bridgeman ; CC0 Paris Musées / Maisons de Victor Hugo Paris-Guernesey - **p. 16 :** Electa/Leemage/Bridgeman Images - **p. 28 :** Bibi Saint-Pol/Wikipedia - **p. 29 :** DeAgostini/Leemage/Bridgeman - **p. 30 :** Electa/Leemage/Bridgeman ; MPA/Leemage/Bridgeman - **p. 34 :** Architas/Wikipedia - **p. 35 :** Collection Dagli Orti/Tate Gallery Londres/Eileen Tweedy/Aurimages - **p. 36 :** Bridgeman Images - **p. 39 :** Bridgeman Images - **p. 40 :** The Jules Bache Collection, 1949/Met New York - **p. 43 :** Laurent Lecat/Akg Images - **p. 46 :** Josse/Leemage/Bridgeman - **p. 47 :** Selva/Leemage/Bridgeman - **p. 50 :** Arnot Art Museum, Elmira, New York - **p. 51 :** Josse/Leemage/Bridgeman - **p. 52 :** Bequest of William H. Herriman, 1920/MET-New York - **p. 55 :** Salvador Dalí, Fundació Gala-Salvador Dali/ADAGP, Paris 2021 - **p. 58 :** René Saint-Paul/Bridgeman Images - **p. 60 :** Alan Humerose/Compagnie Les Célébrants (CH), mise en scène Cédric Dorier, 2019 - **p. 61 :** Maurice-Louis Branger/Roger-Viollet - **p. 64 :** Jerico/Super 8 Production/Pathe/BBQ_DFY/Aurimages - **p. 67 :** RMN-Grand Palais (musée Fernand Léger)/Mathieu Rabeau, ADAGP Paris 2021 - **p. 70 :** Pascal Victor/ArtComPress via Leemage ; Christophe Raynaud de Lage - **p. 71 :** Christophe Raynaud de Lage - **Numérique :** © Gallimard www.gallimard.fr

Directrice éditoriale : Agnès Botrel
Responsable éditoriale : Mathilde Lahoute
Édition : Louise Roullier
Direction artistique et création graphique : Primo&Primo
Mise en page : Al'Solo
Iconographie : Marie-Laure Fior

www.magnard.fr – ISBN : 978-2-210-11465-4

Achevé d'imprimer en août 2022 par «La Tipografica Varese Srl» Varese en Italie - N° éditeur : MAGSI20220487 - Dépôt légal : avril 2021